Cerrando Ventas

Conviértete en un Maestro Cerrando Ventas y Perfecciona el Arte de Venderla a Cualquiera Tanto en Persona Como en Línea

By

Omid Kazravan

Siempre Se Cierra

*Técnicas Y Estrategias de los Mejores
Vendedores Para Perfeccionar El Arte
de las Ventas Para Obtener Más
Clientes, Recibir Más Referencias Y
Ganar Más Dinero*

Cómo Construir Un Embudo De Ventas

*Lo Que Hacen Los Líderes De Su
Industria Para Mantenerse En La Cima*

Table of Contents

Libro 1: Siempre Se Cierra

Técnicas Y Estrategias de los Mejores Vendedores Para Perfeccionar El Arte de las Ventas Para Obtener Más Clientes, Recibir Más Referencias Y Ganar Más Dinero

Por

Omid Kazravan

Gracias especiales a

Mamá

Familia

Juan

Nick

Luis

"La vida no es un viaje, sino un destino"

-Ralph Waldo Emerson

Introducción

Gracias a todos por unirse a mí en esta aventura y por aprovechar su deseo de llevar su vida al siguiente nivel. Si estás leyendo este libro, no solo estás comprometido a dar un nuevo paso en tu vida, sino que también estás a medio camino de tu viaje para ser un maestro más cercano.

Desafortunadamente, una vez que aprendemos algo nos sintamos cómodos con la habilidad y ya no perseguimos el proceso de aprendizaje. Nuestra zona de confort nos impide desarrollarnos aún más.

Mi objetivo para este libro es cambiar la forma en que se ve el juego de ventas; no se trata realmente de todas las técnicas de cierre utilizadas cuando se trata de vender, sino más bien quién eres como persona y cómo te vendes a ti mismo.

¿Sabías que cuando se trata de comprar un vehículo nuevo, en realidad se necesitan más días para que los compradores tomen una decisión ahora de lo que solía hacerlo antes? ¿por qué? Actualmente, los consumidores compran a personas en las que Confían. Se trata de la relación construida entre el cliente(s) y el vendedor.

Además, ni siquiera se trata del producto; se trata de quiénes somos como individuos y lo que podemos proporcionar a nuestro cliente(s). ¿Qué **valor** está aportando realmente a su cliente? Seguro usted tenía una situación en la que quería comprar algo, pero el profesional de ventas no sólo era extremadamente asertivo, pero también te hizo sentir incómodo. A pesar de que necesitaba el producto, usted eligió no comprarlo debido a la imprudencia recibida del vendedor. Esto es lo que está sucediendo en nuestra industria en este momento. La gente está tan enfocada en venderse al cliente que pierde la venta.

Tengo la creencia de que nos hemos estado vendiendo desde nuestro nacimiento. Cada interacción con cada persona con la que nos hemos encontrado ha sido un argumento de venta personal. Cuando eras un niño que quería algo de alguien, convencías a la otra persona sobre cuán imperativo era para ti tener el artículo, incluso declarando que estabas dispuesto a hacer cualquier cosa por él. En última instancia, se vendía a sí mismo y, dependiendo de qué tan bien se vendiera, determinaría si recibió o no el artículo.

En cualquier entrevista de trabajo, te estás vendiendo al entrevistador o a la empresa. Ser contratado equivale a "comprarlo". A menudo, las personas contratadas son las que más le gustan en lugar de las más calificadas.

¿Estás comenzando a ver un patrón en este momento? Para aquellos de ustedes que han estado en una relación o están actualmente en una, permítanme explicar cómo funciona. Cuando progresas hacia algo más que amigos, básicamente le estás haciendo saber a tu pareja qué puedes aportar o quién eres realmente. Cuando comienza una relación, su pareja ha elegido "comprar" su producto, usted. Además, para aquellos en una relación a largo plazo, usted se "vendía a sí mismo" en el día a día, lo que resulta en que su socio elija "comprarlo" todos los días. Cada interfaz humana es siempre una interacción de ventas. Siempre cerrará porque se venderá continuamente.

En este libro, el comienzo establecerá el marco para convertirse en un experto en venderse a sí mismo. Creará la base sobre cómo cerrar continuamente. Como se dijo, no se trata solo de las técnicas para hacer; ser también es una gran parte.

Si te dijera: "Oye, vamos a construir una mansión" y continué con "en la arena", ¿estarías de acuerdo? Si su respuesta es sí, me alegra que haya comprado este libro porque construir una casa sobre una base inestable generará muchos problemas. Dado que es una base inestable, cambiará y se moverá constantemente, por lo que es inestable y no es una buena plataforma para el crecimiento.

Lo que estamos haciendo en ventas es "construir una casa sobre una base sólida". En este libro, le pido que construya una casa conmigo, no sobre arena, sino sobre una base sólida de concreto. Cada capítulo se divide en el siguiente para permitirle absorber toda la información fácilmente.

Quiero dejar una última cosa clara al comenzar nuestro viaje juntos. El hecho de que alguien se registre para una membresía en un gimnasio no significa que estará en forma, lo mismo se puede decir sobre este libro; solo porque lo haya comprado no significa que tendrá éxito en las ventas. Antes de comenzar este libro, debe comprometerse a leerlo de principio a fin y luego aplicar lo que aprende. Este libro te abrirá las puertas y te mostrará el camino; No puedo empujarte por la puerta, al igual que no puedes contratar a alguien para que haga tus propias flexiones. Es algo que debes hacer tú mismo. No hay tal cosa como un ascensor para el éxito, debe estar dispuesto a subir las escaleras y realizar el trabajo requerido para su éxito.escaleras y poner en el trabajo necesario para su éxito.

Al final de cada capítulo os he dejado un espacio donde podéis escribir vuestros pensamientos finales sobre cada capítulo conclusioneslos aún más.

He colocado un "firma aquí" para que te comprometas a ti mismo a usar cualquier cosa que encuentres valiosa en este libro.

X_____

Estoy muy emocionado de enseñarte todo lo que sé acerca de ser un maestro en cómo venderse a sí mismo!

"No hay nada más peligroso que una mente cerrada."

-Anonymous

Capítulo 1: Un cambio importante

Si tomara la decisión de leer este libro, entonces ya tienes una mente abierta y serás receptivo a aprender cosas nuevas para mejorar tu rendimiento como vendedor. A menudo, nuestros egos interfieren con nuestro aprendizaje de cosas nuevas y beneficiosas; creemos que ya sabemos la información o nos convencemos de que la información no funcionará para nosotros ya que saber todo sobre nuestro campo y nada mejorará nuestro conjunto de habilidades.

Como líder en ventas, te pido que no   leas este libro con tu ego, sino   que abras tu mente por las posibilidades que te esperan . Al final del libro, tendrás   información para ayudarte a disparar tus ventas y ayudarte a   producir tus números de metas.

Hay un orador que comparte la historia de asistir a un seminario con   Tony   Robbins, un famoso orador motivacional. En   el seminario,   Tony   estaba escribiendo notas febrilmente, mientras que el otro orador le miró cuestionando cómo   podría escribir tanto. Al final del día, los dos oradores   estaban comparando sus notas; El cuaderno de Tony se llenó de principio a fin, mientras que el otro orador sólo tiene un par de páginas en su libro. En shock absoluto, le preguntó a Ed Tony cómo y por qué lo hizo. Tony respondió diciendo cada vez que en un entorno de aprendizaje que asiste como si no supiera absolutamente nada sobre el tema para permitir que todos los información para fluir con un filtro en su mente para que pueda capturar esa pepita de oro.

Nuestro primer capítulo va a ser sobre el cambio de mentalidad que tenemos que hacer. Hay cosas que necesitamos desaprender para aprender cosas nuevas. Es la razón por la que muchas empresas, especialmente los concesionarios de automóviles, les encanta contratar a nuevos vendedores, como para no estar agobiados con algunos malos hábitos que acompañan a los vendedores mayores.

Esto es para decir que tiene malos hábitos, pero hacer las cosas que aprendió al principio de su entrenamiento para construir una base sólida necesitan ser cambiados, o al menos alterado.

No se puede vender a todo el mundo

Un error cometido por muchos vendedores es tratar de vender a cada persona caminando en . Lo que sucede cuando intentas vender a todo el mundo es que la gente puede olfatear tu intención muy fácilmente. Saldrás como necesitado y descarado o de un lugar de escasez ,lo cual no es algo bueno. Es como salir; sólo porque encuentres a alguien atractivo no significa que saldrás.

Es importante estar abierto a lo que nos venga. tenemos la intención de vender a cada persona, estamos más comprometidos con la venta an ala persona.

Las ventas tienen que ver con la otra persona. En lugar de centrarse en vender a cada persona, concéntrese en **servir** a cada persona. Si cambias de vender a la persona a servir a la persona, hará una diferencia en tu negocio y tu carrera.

Es este único cambio de mentalidad de servir a todos los que camina a través de nuestras puertas que usted necesita adoptar. estás enfocado en servir, tiendes a tratar a las personas de manera diferente porque estás atento a ellos y no a ti mismo. Típicamente, cuando nos enfocamos en nosotros mismos, los demás pueden sentir nuestra insinceridad

Preguntas para hacerse:

- *¿Cómo puedo servir a esta persona ahora mismo?*
- *¿Cómo puedo estar más presente en este momento?*
- *¿Qué necesita esta persona?*

Una vez que tenga este cambio de mentalidad, el juego cambiará para usted. Si usted considera si usted quiere comprar algo, ¿quiere ser tratado como un signo de dólar o como una persona? Usted estaría más dispuesto a trabajar y comprar un producto o servicio de un vendedor que le haga sentir importante en lugar de otra venta o número.

Así es exactamente como me convierto en uno de los mejores vendedores en mi empresa. Trabajé en un concesionario y no sabía absolutamente nada sobre los coches o cualquier truco sobre cómo venderlos. La mayoría de mis compañeros de trabajo eran 10-30 años mayores mí y tenía varios años de experiencia en ventas profesionales bajo sus cinturones. Sin embargo, a pesar de que habían estado en la industria más tiempo que yo, no me disuadió.

Sabía lo que quería, por qué lo quería, y cómo tratar a la gente. Entendí el concepto de que a la gente le importa lo mucho que sabes hasta que saben lo mucho que te importa. Debido a la forma en que traté a mis clientes, recibí una multitud de referencias que me permitirían cerrar alrededor del 75% de cada venta con cada persona con la que hablé.

¿Qué hace la declaración, "People no le importa cuánto sabes hasta que sepan cuánto te importa"? Piense en una época en la que no había una intención oculta, sólo el concepto de hacer feliz a la otra persona. Si usted toma una cosa importante de este libro, debe ser este concepto; esta idea de servir a su cliente le llevará a donde usted necesita ser y diferenciarte de las otras personas de ventas.

Yo estaba tan seguro de la forma en que trato a la gente que pediría trabajar con el cliente de un compañero de trabajo cuando él o ella perdería una venta; ya que trato al cliente como la realeza, resultaría en una venta para mí. Incluso tuve casos en los que el cliente me gustaba tanto que me propinaba dinero extra, como si fuera camarero. un resultado, mis compañeros de trabajo cuestionaría lo que estaba haciendo, pero yo simplemente sonreía a la familia a la que acabo de vender. He tenido clientes que me invitan a sus cenas familiares, a salir a la ciudad con ellos, y a otros que han regresado con regalos simplemente por cómo los traté.

El Golden Rule afirma tratar a los demás cómo quieres ser tratado. Pero hay una regla por encima de eso, que es aún mayor! Comience con el concepto de tratar a las personas de la manera en que desea ser tratado; poniéndose en primer lugar, por lo general trata a los demás con un tonelada de respeto porque así es como quieres que te traten. El único defecto en esta regla es de nuevo el enfoque está en usted. Esta es la razón por la que hay una regla más alta: el Platinum Rule.

El Platinum Rule es tratar a los demás de la manera *que* quieren ser tratados. No importa cómo quieras que te traten o lo que creas que es correcto en tu modelo del mundo. Todo depende de la persona que esté sirviendo en su venta.

Piénsalo, si alguien viene a comprar algo y lo tratas EXACTAMENTE cómo quiere que lo traten, incluso si él o ella no quiera hacer un compra, él o ella te recordará y posiblemente te referirá a otras personas.

Los siguientes capítulos discutirán cómo identificar cómo las personas quieren ser tratadas y cómo conseguir que te sustenten necesidades para que no tengas que hacer nada de el trabajo. Usted nunca quiere hacer *que* su cliente compre; quieres *dejar que* compren. por ser un administrador de servicio y guiara su cliente a través del proceso de ventas, él o ella eventualmente querrá hacer el compra.

¡Anota tus principales conclusiones!

_____

_____

_____

_____

_____

_____

_____

_____

_____

_____

_____

_____

"Cuando tengas ganas de dejar de pensar por qué empezaste"

-Anonymous

Capítulo 2: Razón convincente por qué

Cuando ordena una hamburguesa, ya sea una hamburguesa con queso o una hamburguesa vegetariana, la parte más importante de una hamburguesa es la empanada. No creo que alguna vez haya disfrutado de una hamburguesa que no tuviera una empanada y creo que es seguro asumir que probablemente tú tampoco.

En este capítulo, discutiremos la "empanada de la vida", especialmente cuando se trata de ventas, su razón POR QUÉ. Esto es esencialmente a lo que se reduce todo, ya que sin él no hay sabor, impulso ni un propósito superior para mantener sus ventas.

Si sus ventas dependen de las ventas diarias, sé lo que ocurre cuando transcurre un día entero sin una sola venta; Es uno de los peores sentimientos. Pasé 13 horas en mi concesionario, hablé con un montón de personas y, sin embargo, no vendí a una sola persona. De todos los vendedores con los que he hablado, esto es lo que podría hacer o deshacer todo su mes, a menos que tenga más poder.

Tal vez se pregunte cómo esto ayudará a ser siempre el mejor en ventas al cierre. Es simplemente porque las ventas no solo se reducen a un área de su vida; sus ventas y la forma en que trata a las personas se reduce a cada área de su vida y cómo se presenta. Su razón por la que quiere estar en ventas, y ser el mejor, es cómo será un vendedor superior.

Cuando se acerca un momento en el que te enfrentas a la derrota cara a cara, es tu razón POR QUÉ eso te ayudará a ganar la batalla y salir victorioso. Tu POR QUÉ te dará energía para seguir adelante, ayudarte a mantener tu posición en la parte superior o incluso pasar al mejor vendedor y reclamar esa posición por ti mismo.

Sabía exactamente cuál era mi POR QUÉ: realmente quería ser un vendedor como uno de mis mentores. Después de unos 10 meses de traslados con la persona a cargo de dirigir el departamento de ventas, seguí golpeando obstáculos. Seguía rechazándome una y otra vez. Luego me dijo que buscara un trabajo de ventas, que subiera a la cima y que volviera a él en 6 meses. Por lo tanto, eso es exactamente lo que hice; Me contrataron en mi concesionario e inmediatamente comencé a subir la clasificación.

Mi POR QUÉ estaba obteniendo el trabajo de mis sueños en ese momento. No iba a permitir que nada se interpusiera en mi camino. Cada vez que me cansaba o me desmotivaba, solo me preguntaba ¿POR

QUÉ comencé este viaje? Una vez que pude tranquilizarme sobre mis razones, nada me detuvo.

Esto es lo que te impulsará hacia tu grandeza.

Tu POR QUÉ es la empanada de tu vida; es donde dibujas tu inspiración y tu motivación para hacer algo. Es donde descubres por qué algo te está causando dolor y por qué algo te está dando placer. Tu POR QUÉ te permite decodificar cualquier cosa en tu vida y volver a codificarlo. POR QUÉ le permite realizar ingeniería inversa a lo que desee y es la herramienta más grande que necesita en su cinturón de herramientas cuando se trata de crear algo.

Puede que te estés preguntando; ¿Cómo encuentro mi POR QUÉ? Hay un proceso simple para ayudarlo a encontrarlo.

Primero, comienza haciéndote estas preguntas:

- *¿Por qué estoy emocionado en la vida?*

- *¿Quién necesito ser para ser el mejor vendedor que pueda ser?*

- *¿Qué quiero lograr con mis ventas?*

- *¿Por qué quiero lograr estos objetivos?*

Una vez que haya encontrado las respuestas para cada una de estas preguntas, comience a cuestionar su propia respuesta.

Por ejemplo:

- ¿Por qué estoy emocionado en la vida? : Estoy emocionado por la oportunidad de poder decirle a mi madre que nunca tiene que trabajar un día en su vida de nuevo. Estoy emocionado de compartir mi mensaje con personas de todo el mundo e impactar a aquellos que lo necesitan.

- ¿Por qué quiero hacer todo esto? Quiero hacer esto porque mi madre es la razón por la que estoy donde estoy hoy y ella merece disfrutar de su vida ahora. Cuando era más joven, alguien compartió su mensaje conmigo y cambió mi vida. Si yo renunciara ahora, otros no escucharían mi mensaje y podría cambiar el camino de su vida.

¿Ves cómo básicamente descodificaba la respuesta ya decodificada? La razón por la que necesitamos profundizar es la razón por la que esta herramienta es tan poderosa. Cada vez que miras a toda la gran gente del mundo —los Mozartos o los Jordanos o Shakespeares— es por la que están (o estaban) es debido a su porqué; los impulsa a ser más empoderados y excepcionales.

Eche un vistazo al mejor profesional de ventas en su campo; hay una razón por la que está producciendo en un día-a-día base. En mi concesionario había un hombre mayor que vendía a todos cada mes. Por desgracia, este hombre también fue el más deshonesto en el concesionario y constantemente recibir malas críticas. Sin embargo, su ética de trabajo estaba fuera de las listas, trabajando7 días a la semana y 13 horas al día. Cuando la gente terminaba el mes con 35 ventas, terminaba con 44. Desafortunadamente, todos se burlarían detrás de su espalda y se quejaría de que siempre saldría en la cima, pero nadie le preguntó cómo o por qué lo hizo. Un día me tomé la libertad de compartir el almuerzo con él y me explicó que tenía 3 niños en la universidad y quería para asegurarse de que no tendrían un problema viviendo la vida que quieren que el viva; También dijo en broma que a su esposa no le gusta cuando está en casa, así que viene a trabajar para que también pueda hacerla feliz.

¿Ves lo poderoso que era su porqué? Lo derramó todos los días a trabajar para hacer todas esas ventas para ganar comisiones para su familia para estar mejor de lo que era.

Una vez que empiezas a decodificar tus respuestas y empiezas a entender por qué quieres cada cosa, podrías encontrarte con un patrón de puntos en común. Aquí es donde agarras todo lo que te excita sobre por qué estás haciendo lo que quieres hacer y creas tu último POR QUÉ.

Recuerde, su porqué es para usted; otras personas piensan acerca de su porque es irrelevante porque es su vida. Por lo general, lo que he encontrado es, que las personas que establecen su PORQUÉ es a algo fuera de sí mismos o más grandes que ellos mismos están más obligados a lograr sus metas porque no están tan enfocados en sí mismos. Sin embargo, si enfocarse en ti mismo es lo que funciona para ti, entonces ve por él.

También tenga en cuenta este PORQUE no tiene que permanecer con usted toda su vida; a medida que maduras y improvisas tu forma de vida cada día, tu PORQUE también se alterará. No serás la misma persona hoy que en cinco años, por lo tanto, está bien si tu WHY altera en el camino como eres de creencias , los valores y las reglas cambian. No creo que usted está llevando este PORQUE a la tumba con usted; una vez que te separas de eso y permitas que te sirva en el momento presente, entonces permitirás que tu PORQUE te sirva necesita mucho más fácil.

Consistencia

¿Alguna vez has sido testigo de cómo algunas personas siempre son consistentes con que se han puesto a hacer? Independientemente de qué obstáculo se le ocurra, todavía encuentran una manera de lograr sus metas. La única razón por la que lo hacen es porque tienen un lo suficientemente fuerte por qué impulsarlos a través de los tiempos difíciles.

Los tiempos llegarán para todos. La vida te lanzará bolas curvas, pero si tienes tu PORQUÉ listo para enfrentarte a los tiempos difíciles e imponer su postura, tú también puedes luchar contra los tiempos difíciles de frente y salir victorioso.

El fitness siempre ha sido un catalizador en mi vida; Estoy muy agradecido por mi viaje porque si no es por ello no estaría donde estoy hoy. He pasado una multitud de años aprendiendo sobre el fitness, pero, es cierto, también he pasado esos años deteniéndome y yendo en mi estado físico estilo de vida. Este era el momento en que empezaría a establecer grandes metas para mí y luego unos meses más tarde me sentiría demasiado cómodo y me desvanecería hasta que dejaría de hacer ejercicio por completo. Por supuesto, varios meses más tarde volvería a empezar de nuevo. Era un ciclo, pero fue un ciclo que me empujó hacia adelante en mi viaje.

No importa lo duro que funcionó o no me gustó mi cuerpo o me eduqué a mí mismo, seguiría encontrando excusas para parar. Nunca me vi obligado lo suficiente para terminar. No tenía visión, ningún propósito detrás de ella, no tenía sentido.

Cuando algo no tiene sentido, tendemos a prestarle menos atención porque no vemos ningún valor proveniente de él. Por mucho que quisiera ese cambio, tanto como volvería a empezar y cambiar mi enfoque, seguiría obteniendo los mismos resultados hasta que cambiara ese factor.

Necesitaba mi visión mi porqué para poder seguir adelante. La consistencia viene de tener una visión clara de hacia dónde vas. Si haces lo que siempre has hecho, seguirás teniendo los mismos resultados. Una parte imperativa del ciclo de éxito es cambiar su enfoque cuando algo no está funcionando para abordar el desafío de nuevo. usted cambia el problema raíz, su ciclo continuará.

Un punto alarmante es cuando usted cree que un problema en un área de su vida sólo permanecerá en esa área específica. Sea como fuere, el problemas no suele ser un problema de nivel de superficie, sino más bien una consecuencia más profundidad que necesita ser resuelto. En mi caso, no tenía un propósito claro y definido. No sólo se estaba apareciendo en mi régimen de salud, sino que también estaba apareciendo en otras áreas de mi vida también.

Cuando los tiempos se vuelven difíciles, tu mejor acción no es la reacción, sino   dar un paso atrás en la situación. Siéntate o acuestate, ve a un espacio tranquilo, o lo que sea que te sientas más cómodo haciendo y   ponga su mano sobre su corazón; respira profundamente y   escuche su corazón latiendo. Al despejar tu mente y enfocarte en el latido de tu corazón, te permite estar agradecido por tu corazón y   por su latido automáticamente para usted. Mientras estás   sentado allí respirando vida en tu corazón y llenando tu mente de gratitud, comienza a preguntarte por qué. Visualizar su porqué venir a la vida: empezar a imaginar los sentimientos corriendo por su cuerpo cuando sucede. Siente lo que sentirías cuando esté hecho, ver lo que verías cuando se haya logrado, escuchar lo que escucharías cuando finalmente lo alcances, debes permitir que todo tu ser experimente el poder de tu PORQUE.

Permita que esta imagen clara de su futuro sea su pincel para colorear su nuevo lienzo en blanco que ha creado y utilice este poder para extender sus ventas.

¡Anota tus principales conclusiones!

_____

_____

_____

_____

_____

_____

_____

_____

_____

_____

_____

_____

_____

"A la gente no le importa lo mucho que sepas, hasta que sepan lo mucho que te importa"

-Teddy Roosevelt

Capítulo 3: Lengua de plata

¿Alguna vez has estado en una conversación en la que estabas "hablando" con alguien y otra persona monopoliza la conversación pero afirma que realmente disfrutó de la conversación? Incluso aunque usted no dijo una sola palabra?

La razón de esto es que a la gente le encanta hablar de sí misma, especialmente cuando es alguien que ofrecerá toda su atención y simplemente escuchará sin interrumpir o juzgar. Esta es una habilidad tan esencial para tener en la vida, especialmente cuando se trata de ABC.

Como se indicó anteriormente, a las personas no les importa cuánto sabes hasta que sepan cuánto te importa. No seas ese vendedor que simplemente diva parte de tu vida o de tu producto sin ninguna intención o propósito.

Lo primero que hago cuando un cliente entra en mi concesionario es saludarlo preguntando su nombre y cuál es el propósito de su visita. Escucho atentamente sus palabras exactas; una vez que sé por qué está en mi showroom, discuto cómo encontrar un coche en nuestro sitio web de computadora. Esta es la parte en la que me hago cargo de la conversación porque explico cómo funciona nuestra empresa y cómo el proceso de selección de un coche de trabajos.

Si un cliente no está de acuerdo conmigo durante este período, no discuto de nuevo, sino que más bien les permito terminar de hablar, de acuerdo con él o ella, entonces cambiar la dirección del tema a algo más poderoso para servirnos a los dos. Usted nunca quiere estar en desacuerdo con su cliente porque inmediatamente destruye la relación que ha construido.

Después de cambiar de tema, acompaño a mi cliente a los vehículos y le permito   explorar todo solo. Le informo a mi cliente dónde estaré si me necesita y le ayudaré. La locura detrás de esta táctica es permitir que el cliente se venda a sí mismo ya que él o ella sabe exactamente lo que quiere   y no iba a hacer que se enamorara de un auto que no estaba buscando sólo porque conseguiría una comisión más alta. Quiero atender a mi cliente y sus necesidades.

 Cuando conversamos e, siempre se centra en el cliente. Si me   hacen una pregunta,   respondo brevemente a la pregunta y luego cambio el foco de nuevo al   cliente. La clave para   conversar con un cliente es mantener la discusión en un medio 80/20 en el que estás escuchando el 80% del tiempo y solo hablando el 20% del tiempo. Algunas veces la mejor forma de comunicación es escuchar. Mantenerlo en un rango 80/20 otorgará al cliente la capacidad de confiar en usted también.

La manera de mantener la conversación fluyendo con un cliente es hacer preguntas abiertas-terminadas que no conduce a una simple respuesta sí o no Por ejemplo, " "Como usted terminó en esta área? " le permite aprender un poco sobre la historia de su cliente, lo que abre más caminos cuando se trata de pedir a otros preguntas. Al profundizar en el estilo de vida del cliente, usted es capaz de ayudar más en la venta. Por ejemplo, si una mujer entra y dice que sus hijos están todos en la universidad, usted no quiere sugerir una minivan porque no se ajustará a su estilo de vida y puede irse sin hacer una venta; sin embargo, si sugieres que haga algo por sí misma y le muestres el nuevo auto deportivo, puede sugerirte a tus amigos que están en la misma posición en la vida, y ahora tus ventas pueden duplicarse o triplicarse.

Otra cosa que quiero dejar claro es que la cuestión es parte de ser un vendedor que atiende a sus clientes. Usted realmente debe estar interesado en lo que su cliente tiene que decir porque usted no está haciendo una multitud de preguntas sólo para cerrar una venta, sino porque realmente te importa y estás realmente interesado en lo que su cliente tiene que decir.

Así es como te conviertes en una persona muy afable en la que tus clientes disfrutan de estar cerca y te sientes cómodo depositando su confianza en.

Relación

la relación es una relación armoniosa que forman con otro. Es una forma de programación neurolinguística (PNL), o los tres elementos (neurología, lenguaje y programación) que abarcan la experiencia humana. El entendimiento utilizado a diario para forjar una sensación de confianza y comprensión. Una manera más fácil de entender esto en una situación en la que conoces a alguien por primera vez, sin embargo, sientes que lo conoces desde hace mucho tiempo porque sus personalidades encajan tan bien.

Básicamente, la relación hace que sea muy fácil cerrar una venta con el cliente porque confiará y entenderá. Es el arte de estar en armonía con tu cliente para que se sienta tan BIEN acerca de él o ella querrá estar a tu alrededor.

La empatiaes una habilidad que necesita para añadir a su cinturón de herramientas de comunicación. aquí hay varios libros sobre este tema, así que no dude en continuar su estudio si desea aprender más. Soy un gran defensor de la mejora constante y sin fin.

Construyendo una relacion

Para construir una relación, nosotros:

- Sonrisa

- Coincidencia

- Hablar su idioma

- Construir sobre sus ideas

- Ser honesto

Recuerda, no estás vendiendo; estás haciendo un amigo. Desea que sea familiar para el cliente. Personas como otras pueden encontrar una similitud con y pueden relacionarse con ellas. Si sigue los pasos para construir una relación, usted y su cliente tendrán una relación armoniosa, que sólo puede conducir a una venta.

El primer paso es sonreír.

Sonreír es tan importante, sin embargo, no hacemos losuficiente. Recuerdo que un día miraba alrededor de mi showroom durante las horas pico y durante las horas lentas y todo el mundo era taciturno y llevaba estrés y decepción en su cara. ¡NO! ¡No hagas esto!

Sonreír es una herramienta tan poderosa cuando se trata de ventas porque te hace confiable y te hace extremadamente accesible. Cuando sonríes, muestra que eres feliz y disfrutar y la gente quiere estar cerca de alguien que está dando tanta energía positiva. De ninguna manera estoy diciendo tener una enorme espeluznante, sonrisa de payaso pegado a su cara, pero una sonrisa agradable, genuina, y acogedor hará que todo su día alrededor .

Recuerdo a uno de mis nuevos compañeros de trabajo absolutamente aumentando su volumen el primer mes de venta. Le pregunté cómo lo estaba haciendo, pero automáticamente sabía la respuesta; Quería estar cerca de esta persona todo el tiempo,especialmente porque su sonrisacalentó lahabitación. Cuando trabajaba con uncliente, otros esperaban paciente y felizmente a que terminara todas sus tareas porque tenía una energía tan poderosa y positiva sobre él.

El siguiente paso es Coincidencia y creación de reflejo.

Esta es otra forma de construir una relación usando lenguaje corporal. El emparejamiento y la duplicación es una de las formas más simples, pero efectivas, de construir una relación porque te permite ser como la otra persona. Para hacer esto, sutilmente emparejar y reflejar lo que la otra persona está haciendo con su cuerpo y durante la conversación. Por ejemplo, si ves a tu cliente tender la mano y rascarse la cabeza, extiende la mano y rasca la cabeza también. Si ve a su cliente tomar un sorbo de agua, tome un sorbo de agua también. Si se sienta de cierta manera, te sientas exactamente.

Una vez más, recuerde que estamos construyendo confianza y simpatía con el cliente. Debes perfeccionar el arte de emparejar y reflejar de una manera elusiva y te darás cuenta de que la persona comenzará a responderte aún más.

El paso tres es encontrar un terreno comun.

Encontrar un terreno común es construir una relación a través de la comunicación mediante la búsqueda de algo que tiene en común con su cliente. Ya sean las películas que te gustan o tal vez incluso un pasatiempo, aquí siempre es algo que se puede compartir con una persona para construir la relación.

Usted necesita probara su cliente haciendo preguntas para que pueda encontrar inmediatamente algo común sobre el que construir. Recuerda, la gente acude a los que les gustan.

Permítanme compartir un ejemplo de excelentes habilidades de relación. Mi tía era una vendedora puerta a puerta para Tony Robbins; ella entraba en un negocio y pedia hablar con un gerente con el fin de reservar una presentación y vender entradas para uno de los eventos del Sr. Robbins . Después de hablar sin problemas con la gente de recepción, que finalmente estaba sentado frente al gerente general de el concesionario. Desafortunadamente, él no le estaba prestando atencion porque estaba trabajando y no le importaba lo que ella tenía que decir porque él era extremadamente cerrado de mente. Mientras se sentó en la oficina tratando de obtener su atención para discutir su propuesta, él ni siquiera estaba haciendo contacto visual con ella y dándole respuestas extremadamente secas como ella estaba tratando de cerrar un trato. Eso es hasta que vio su teléfono hasta con un salvapantallas

de él y un Lamborghini. Inmediatamente, supo que tenía algo que usar para encontrar puntos en común. Sél le dijo, "Oh,que es un coche tan agradable! Es uno de mis favoritos. ¿Es tuyo? " En ese momento, el gerente estaba enganchado, se detuvo lo que estaba haciendo, se centró en ella, y procedió a hablar sobre el coche durante horas mientras mi tía escuchaba. ¿Puedes adivinar qué pasó después? Ella habló de todo el negocio y vendió sus entradas todo debido a la relación que estableció con el gerente.

A continuación, debe aprender a hablar su idioma.

Aquí es donde se pondrán a prueba sus habilidades de escucha. Al alcanzar el pico del idioma de su cliente, comenzará a responderle. Un relacion es una armonía entre las personas y eso es lo que quieres crear. Escuche la forma en que su cliente habla; ¿Usa mucho su cuerpo? ¿Es ruidosa? ¿Repite una frase determinada varias veces? ¿Describe las cosas a través del sonido, sensaciónes, o visuales?

Hay 5 categorías con las que las personas se identifican:

- ✓ Visual
- ✓ Audio
- ✓ Kinesthetic (movimiento)
- ✓ Olfativo (olor)
- ✓ Gustatorio (sabor)

Como pueden ver, todos estos se relacionan con nuestros cinco sentidos.

Una vez que descubra cuál pertenece más a su cliente, puede comenzar a "hablar" su idioma.

Necesitas aprender a distinguir las palabras que usan para describir su experiencia. La gente tiende a repetir palabras que más se parecen a ellas. Depende de usted cuando se está comunicando para escuchar atentamente a ellos y utilizar las palabras que resuenan con ellos. Una vez más te hace una persona mucho más agradable porque estás hablando en el mismo nivel.

Para cualquier persona que lea este libro, sé cuando se encuentra con alguien en público que habla la misma lengua extranjera que usted, hay un ionship inmediato relacionado y el vínculo forjado sólo por su idioma! Por lo tanto, como vendedor escuchar el patrón de lenguaje de su cliente corresponderlo.

Construir sobre su Ideas.

Como puede ver, estamos haciendo un círculo completo para hacer que el cliente se sienta BIEN. No puedes ser el significante uno cuando se trata de ventas porque se entorpecerá en el camino de tu servicio y será difícil para usted llegar al cliente. Si su cliente recomienda algo, CONSTRUIR EN ELLO! Anímelo, agradezca la idea y dé elogios al respecto. Si dices algo y lo repite, celebra y le premias y te recomendamos Construir el ego del cliente, no el suyo.

Sea honesto.

Sea un papel claro y transparente cuando hable con los clientes para que todo esté sobre la mesa y no oculte nada. La honestidad es la forma más fácil de mantener una buena relación porque la deshonestidad es la forma más rápida de perder la confianza y una relación con alguien en un instante. Asegúrese de tener un nivel de honestidad acerca de usted que se pueda ver fácilmente y que sea reconfortante para los demás.

Muchas personas tienen asociaciones negativas con cualquiera que trabaje en ventas, por lo que tienen miedo de trabajar con nosotros. Alguien los ha tergiversado o ha escuchado historias de terror de otros. Es por eso que están protegidos cuando entran a nuestras salas de exhibición. Ahí es donde entras para salvar el día porque no estás por el dólar, sino porque realmente te importan. Una vez que su guardia baja, no hay nada más que pura honestidad en ambos extremos.

El último paso el ritmo y el liderazgo

¿Cómo sabes cuándo finalmente tienes una buena relación con alguien? Como mencioné anteriormente, la relación es como la armonía, un baile de confianza entre dos o más personas. Aquí es donde el ritmo y el liderazgo entran en la situación para ayudarlo a evaluar si tiene una relación con la otra persona. Por ejemplo, comience a mantener el ritmo siguiendo su ejemplo, como si alguien hablara muy bajo, usted también comienza a hablar en un tono bajo.

Una vez que haya pasado suficiente tiempo usando todas estas técnicas para establecer una buena relación con su cliente, es hora de probarlo guiándolo por algo. Por ejemplo, si tiene una buena relación con alguien y comenzó a aumentar su volumen de conversación, su volumen también aumentará porque ambos están en armonía. Ahora tiene el control de la situación y tiene un nivel de relación basado en la confianza y la comprensión. Esta es la última forma de comunicación.

Uno de mis gerentes de ventas lo expresó mejor cuando me dijo: "Omid, lo que estás haciendo cuando atiendes al cliente es exactamente como una transacción bancaria". Está depositando constantemente en la cuenta y una vez que haya depositado lo suficiente, puede comenzar a retirar cuando llegue el momento de solicitar la venta ". Debe realizar depósitos para realizar retiros si no tiene dinero en el banco e intente hacer un retiro, el cajero automático lo rechazará. Sin embargo, si realiza depósitos constantemente, siempre podrá volver al banco para recuperar dinero.

Los clientes son uno y lo mismo; tiene que ganarse el derecho de hacer un retiro haciendo depósitos constantemente en forma de excelente servicio al cliente, respondiendo preguntas y orientación en la experiencia de compra. Cuando llegue el momento de solicitar el compromiso AHORA, HA GANADO EL DERECHO DE HACER ESTO.

Mientras más tiempo atienda al cliente y lo trate como quiere que lo traten, más depositará en su cuenta de ahorros con su cliente.

¡Anota tus principales conclusiones!

_____

_____

_____

_____

_____

_____

_____

_____

_____

_____

_____

_____

_____

"Los relaciones son la verdadera moneda de la vida."

-CURTIS LEWSEY

CAPÍTULO BONUS

Recordar nombres - Conexiones más fuertes - Más ventas

Como ya has aprendido, cuando se trata de cerrar la venta, nada puede ser más importante que tener una fuerte conexión con el cliente potencial. En "Cómo ganar amigos e influir en la gente", Dale Carnegie dice que el sonido más dulce para el oído de una persona es cuando escucha su nombre. Recordar con éxito el nombre de alguien con quien está tratando de hacer negocios, puede hacer que la transición del potencial al cliente real suceda mucho más fácilmente.

Mi entrenador de memoria, campeón maestro de memoria en superhumano y autor más vendido de "Cómo recordar nombres y rostros", Luis Angel, me enseñó a hacer que me sea más fácil memorizar y aprender los nombres de todos los que conozco.

Recuerdo a un cliente al que estaba a punto de vender un vehículo hasta que algo apareció de su lado. Llegó al concesionario, le estreché la mano e intercambiamos nombres. Le dije, "Hola, ¿cómo va, mi nombre es Omid, ¿cómo te llamas?" "Mi nombre es, Jeff pero mis amigos me llaman Trump". Inmediatamente utilicé las técnicas que Luis me enseñó y visualicé a Jeff con el cabello esponjoso de

Donald Trump. Después de que lo llevé a través de todo el proceso de ventas llegamos al punto en que Trump iba a entregar su pago inicial, cuando me dijo que no podía hacer eso. Dijo que tenía una especie de emergencia familiar que tenía que manejar. Así que se puso de pie, nos agradeció por nuestro tiempo y se fue.

Un mes después de que esto ocurrió, lo vi caminar en el concesionario. Tiré mis manos al aire y grité "TRUMPPPPPPPPPP, quepaso!!!" Me miró extremadamente sorprendido y dijo "YOOOOOOOO!!! ¡NO PUEDO CREER ME RECUERDAS! Traje a mi esposa aquí y ambos estamos listos para comprar autos y no puedo esperar a trabajar con usted otra vez!" Trump me dijo que nunca se ha convertido en tan buen amigo de un vendedor antes. Ahora, en lugar de venderle sólo un auto, Trump terminó comprando 2 vehículos. La técnica de la memoria me ayudó a hacer esto posible.

Me he asociado con Luis Angel para tomar algunos ejemplos de su libro, que se pueden obtener en www.RememberNamesBook.com, y ayudarle a empezar a desarrollar esta habilidad de recordar el nombre y lacara de cualquier persona.

Dice que la clave de la memorización es la visualización. Para convertir todo lo que quieras memorizar o recordar, en una historia visual.

Así que con los nombres, todo lo que tienes que hacer es tomar el nombre, convertirlo en una imagen, y asociar esa imagen en la cara de la persona.

El sistema de memoria mental AE de Luis Angel

1. **Ubicación**

   ¿Qué destaca de este individuo?

2. **Visualizar**

   ¿Qué me recuerda este nombre?

   Guarde la imagen en la ubicación.

3. **Revisión**

¿Qué imaginé en la ubicación de esa persona?

Echa un vistazo a nombre del jugador #1 para obtener algunos ejemplos sobre cómo funciona esto.

JUEGO DE NOMBRE: 1

Vamos a seguir adelante y practicar ahora mismo con 12 nombres. Te daré mi representación de imagen para cada uno de estos nombres:

Nombre: Imagen

1. Abby - Una abeja
2. Búho
3. Angel - Alas de ángel
4. Ann - Ant
5. Bridget - Puente
6. Fred á Fred Picapiedra
7. Cadenas James
8. Luis - Encaje (zapato)
9. Peggy - Pierna pelada
10. Rosa - Rosa Roja
11. Teddy - Oso de peluche
12. Muro Wanda

Esas son mis representaciones de imagen para los nombres. Si uno de ellos no resuena contigo o sientes que puedes encontrar una imagen mejor, por supuesto siéntase libre de hacer eso.

Vamos a poner esto a prueba. ¿Qué tal si tomamos esos nombres de arriba y los unimos a algunas caras?

Tengo el Nombre de la Persona y la Imagen para ese Nombre justo debajo de la Cara.

Elija algunas características faciales que destaquen sobre ese individuo, y luego tome la imagen para el nombre y visualícela haciendo algo en esa ubicación.

Al (*Owl*)	Luis (*Lace*)	Bridget (*Bridge*)

Fred (*Flinstone*)	Peggy (*Pegged Leg*)	James (*Chains*)

Abby (*A Bee*)	Teddy (*Bear*)	Wanda (*Wand*)

Angel (*Wings*)	Ann (*Ant*)	Rosa (*Red Rose*)

muy bien!

Ahora que tienes los 12 abajo, veamos cuántos de esos puedes recordar.

No te preocupes por la ortografía. Si escribes anne en lugar de Ann, está perfectamente bien.

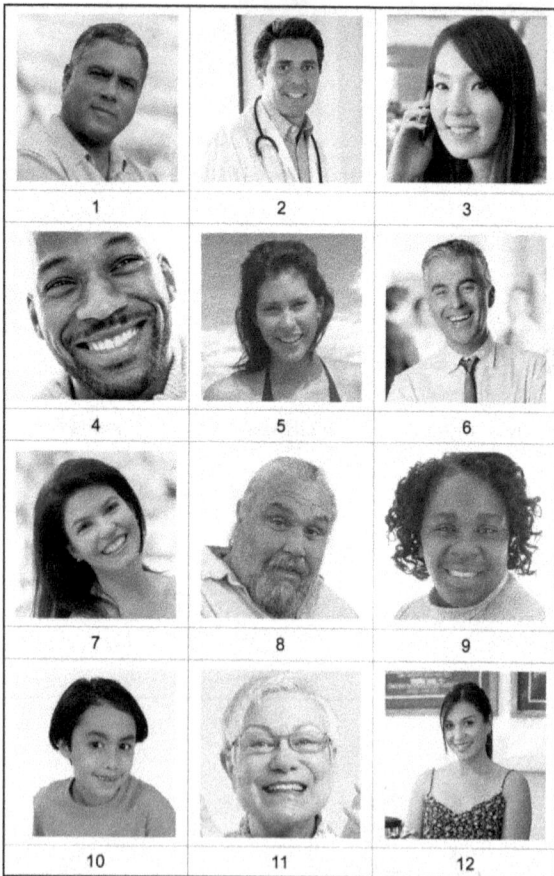

RESPUESTAS PARA NG: 1

1. Al
2. Luis
3. Bridget
4. Fred
5. Peggy
6. James
7. Abby
8. Teddy
9. Wanda
10. Angel
11. Ann
12. Rosa

¿Cómo te fue?

¿Los conseguiste todos correctos? ¿La mayoría?

Si te perdiste alguno, pregúntate "¿Por qué?"

¿Por qué crees que te perdiste ese nombre? ¿La asociación visual no era lo suficientemente fuerte? Tal vez no resonó muy bien con la representación de imagen que tengo para ese nombre. Si ese es el caso, asegúrese de elegir una representación de imagen para ese nombre que le guste.

¡Si los tienes bien, felicidades!

Probablemente estabas diciendo, "¡Esto fue fácil!" Ese podría ser el caso. Te di algunos nombres muy fáciles de memorizar. Podría traducir rápidamente esos nombres en imágenes. Abby es una abeja. Al es un búho. Son muy fáciles de ver.

Ahora probablemente estás preguntando, "¿Qué pasa con nombres más complejos como Rebecca o Alexander?"

Es el mismo proceso. Rebecca es un libro de remo. Alexander es un Leg Sander. Tomas el nombre y te preguntas: "¿De qué me recuerda este nombre?"

JUEGO DE NOMBRE: 2

Los siguientes 12 nombres e imágenes para esos nombres son los siguientes:

Nombre: Imagen

1. Brad - Pan
2. Brent - Cereal Bran
3. Cañón - Cañón
4. Félix: Félix el Gato
5. Harper - Arpa
6. María - Velo de Boda
7. Micrófono - Micrófono
8. Nicole - Níquel
9. Perla - Perla Blanca
10. Ron - Hombre corriendo
11. Ruth - Babe Ruth Chocolate
12. Tracy - Trazado con lápiz

Tracy	Harper	Ruth
Ron	Brent	Felix
Cannon	Mike	Mary
Nicole	Pearl	Brad

1

2

3

4

5

6

7

8

9

10

11

12

RESPUESTAS PARA NG: 2

1. Tracy
2. Harper
3. Ruth
4. Ron
5. Brent
6. Félix
7. Cañón
8. Mike
9. María
10. Nicole
11. Perla
12. Brad

¿Cómo te fue?

¿Los conseguiste bien?

Recuerde hacer que la asociación visual sea muy fuerte y vívida. Será más fácil cuanto más hagas esto.

JUEGO DE NOMBRE: 3

Aquí hay otra vez con 12 nuevos nombres con sus fotos:

Nombre: *Imagen*

1. Ashley - Cenizas
2. Ben - Banco
3. Billie - Billy Cabra
4. Claudia - Nube
5. Jo - Sloppy Jo
6. José - Manguera de agua
7. León - León
8. Oliver - Olivo
9. Paige - Página (papel)
10. Pat - Pat con la mano
11. Phil - Bomba de gas
12. Rex - T-Rex

Phil	Jo	Ben

Ashley	Oliver	Paige

Rex	Leon	Claudia

Billie	Jose	Pat

1

2

3

4

5

6

7

8

9

10

11

12

RESPUESTAS PARA NG: 3

1. Phil
2. ya
3. Ben
4. Ashley
5. Oliver
6. Paige
7. Rex
8. Leon
9. Claudia
10. Billie
11. José
12. Pat

¿Cómo te fue aquí?

En su Libro de Recordar Nombres, Luis tiene más de 500 de estos ejemplos para que usted continúe practicando con el fin de convertirse en un maestro de los nombres. Asegúrese de obtener su copia hoy en:

www.RememberNamesBook.com

Capítulo 4: Telaraña

Imagine una web llena de una cantidad ilimitada de conexiones y posibilidades. Esta web es la red de cada persona con la que ha interactuado, donde cosecha lo que siembra. Aquí es donde está bien cuando no terminas vendiendo a cada persona porque si no haces la venta con esa persona, hay aproximadamente 200 personas en su red a las que también tienes acceso si te ganas su confianza.

Recuerdo el momento en que me mudé a Orlando, Florida, después de conseguir un nuevo trabajo en un concesionario de automóviles local y me estaba acomodando en mi nuevo departamento. El único desafío era que era un apartamento sin amueblar y necesitaba comprar muebles. Como estaba trabajando todo el tiempo, inmediatamente fui de compras en mi primer día libre. Escuché algunas buenas críticas sobre un almacén de muebles, así que decidí parar allí primero. Tan pronto como llegué, fui recibido por un vendedor que parecía estar experimentado cuando respondió algunas de mis preguntas y me mostró los muebles que estaba buscando. Recuerdo haber visto algunos muebles y, a través de mi visión periférica, vi al vendedor monitoreando lentamente lo que estaba haciendo. Luego regresó a mí y trató de hacerme una venta en la cara sin establecer ninguna relación o tratarme como una persona. Me di cuenta fácilmente de que era un signo de dólar para él y

Lo rechacé y le dije que solo estaba mirando, aunque estaba listo para comprar en ese momento. Caminé más mirando otras piezas y él se acercó a mí nuevamente, obligándome a salir de donde estaba interesado y empujando la venta original hacia mí. Eventualmente trató de darme una "oferta irresistible", pero progresó hasta un punto en el que sentí que este "vendedor" me estaba ahogando y me fui sin hacer una compra.

No sea como este vendedor que no solo perdió la venta, sino que también perdió mi red. Recuerdo que a lo largo de mi tiempo en Orlando mencionaría a este hombre a mis amigos de vez en cuando cuando compartía mi historia sobre la compra de muebles. Estoy seguro de que era una gran compañía, pero la forma en que lo representaba me alejó y nunca terminé comprándoles ni lo recomendé.

Ahora estoy mencionando esta historia porque cuando pienso en un vendedor pobre; Él es el que recuerdo inmediatamente. Perdió muchos clientes potenciales solo porque me rechazó e intentó venderme en lugar de servirme.

Es lamentable, pero sé que todos los que leen este libro han encontrado algo como esto; sin embargo, como vendedor, debe comprender que no está tratando con una sola persona, sino con una red completa de personas: amigos, familiares y nuevos conocidos que se les presentarán.

Es por eso que me estreso por tratar a sus clientes exactamente como quieren que los traten para que puedan acceder a toda su red. Cuando alguien compra un auto nuevo o una casa nueva, él o ella quiere presumir a todos, lo que ahora lo abre a las personas interesadas en comprar uno también. Si las personas en su red ven que su cliente está eufórico con el servicio recibido, la probabilidad de que él o ella lo recomiende es bastante alta.

El objetivo es destacar a sus clientes. No quieres ser solo otro vendedor; quieres ser SU vendedor. Cuando se le preguntó dónde compraron el producto y de quién, quiere que digan: "Lo compré a mi tipo de auto / casa Bob".

Debido a esta regla tácita, siempre quieres prospectar. Asegúrese de que TODOS sepan lo que estás vendiendo. En todos los lugares que visité en Orlando, me aseguré de llevar mis tarjetas de visita y de que todos supieran lo que hice y dónde lo hice porque cuando haces amigos fuera del entorno y dejas una impresión duradera, cuando llega el momento de exigirlos. tu producto, ¡van a venir a ti!

Era una noche oscura y lluviosa en Orlando y vivía a unos 30 segundos de una estación de servicio Kangaroo. Acabo de llegar a casa después de una noche de fiesta y ya era tarde; todo el mundo estaba cerrado y necesitaba comprar algunas botellas de agua. Me subí a mi auto y conduje hasta la estación de servicio, todavía vestida por estar fuera, y agarré mis aguas. Terminé entablando una conversación con el cajero; Le pregunté cómo estaba su día y ella me dijo que fue un poco difícil. Le pregunté por qué y me quedé allí escuchando cómo me contaba sobre su día, estableciendo una relación con ella hasta que me preguntó cómo estuvo mi día

Le dije que tenía un día increíble en el trabajo y que acababa de volver de celebrar. Le dije exactamente a qué me dedicaba y por qué era la mejor en eso. Luego le entregué mi tarjeta de presentación y le expliqué si ella o alguien que ella conoce necesita un automóvil y quiere evitar todos los trucos típicos de los vendedores para venir a verme. Ella me agradeció y me fui. Cuatro días después, ella fue la primera clienta en la puerta de mi concesionario y estaba preguntando por mí. Estaba tan emocionado porque esa fue una ventaja libre que hice solo por ser yo mismo y dejar que la gente supiera lo que hago. A pesar de que no pudo comprar el automóvil debido al crédito, todavía le mostré un excelente nivel de servicio al cliente y

Su hijo regresó al día siguiente para comprar un automóvil y uno de sus amigos. Tenga en cuenta que nunca le pregunté por nadie más una vez que la venta no se realizó, pero mi servicio al cliente superior le permitió decidir recomendarme a otros.

¡Siempre busca y saca tu nombre, en el salón o en la peluquería, en la lavandería, en la tienda de bagels, en todas partes! El boca a boca es siempre la forma más poderosa de publicidad. Nunca sabes con quién te estás conectando y qué necesitan o cuándo lo necesitan.

¡Escriba sus principales conclusiones!

¡Anota tus principales conclusiones!

_____

_____

_____

_____

_____

_____

_____

_____

_____

_____

_____

_____

_____

"Cada día, en todos los sentidos, estoy cada vez mejor y mejor"

-Emily Coue

Capítulo 5: Maximizar diariamente

Poco sabe, pero sus acontecimientos diarios tienen un gran impacto en sus ventas. La forma en que trata su día se reflejará en la forma en que trata a las personas y la cantidad de ventas. Piense, si todo su día está desordenado y no está dando todo, ¿qué le hace pensar que puede dar todo en sus ventas? No deje piedra sin mover y aborde todos los días como si fuera un cliente al que está trabajando en la venta. No puede subir la escalera del éxito con las manos en los bolsillos, por lo que no se inutilice arrastrando el equipaje innecesario a sus ventas.

Active su mañana y recargue el día. ¡Cuando las personas te conocen, quieren conocerte a ti que está en la cima del mundo y en tu juego "A"! Para mí, todas las mañanas comienzan cargándome y releyendo mis metas para el día, semana, mes y año para alinearme con mi POR QUÉ. Luego hago unos minutos de respiración profunda en el suelo y me centro por un día antes de caminar afuera hacia mi auto, mirar el cielo y enumerar tres cosas por las que estoy agradecido. En el viaje de 15 minutos desde mi casa al trabajo, tengo una sonrisa gigante en mi rostro mientras escucho música que me amplifica para prepararme para tomar el control de mi día. También me imagino que el día va exactamente como quiero que vaya, visualizando todas las ventas en mi camino. Así que cada vez que cruzaba la puerta, estaba LISTO para trabajar y ser el MEJOR.

Por supuesto que no soy perfecto; Hubo algunos días en que no hice esto y simplemente conducía en silencio camino al trabajo, ¡pero está bien! ¡Somos humanos! Pero tan pronto como entré por las puertas de mi sala de exposición, inmediatamente dejé caer todo lo interno y entré con la mentalidad de solo trabajar. No me importaba nada más fuera de mi vida, excepto mi trabajo. Necesitaba concentrar todo mi enfoque en el trabajo y en mis clientes.

Te estás vendiendo corto si no traes tu juego "A" a la mesa todos los días. Cuando las personas se acercan a ti o cuando te acercas a ellos, pueden sentir fácilmente cuando tu cabeza no está en el juego y no les estás dando toda tu presencia, lo que los hará menos propensos a darte más. El lugar de trabajo es donde están solo usted y su trabajo. Recuerde, donde va el foco, fluye la energía. Entonces, cuando traes todo tu enfoque a tu trabajo, ¿a dónde crees que va a ir toda esa energía? Literalmente crearás energía desde cero.

Creo completamente que la razón por la que fui tan bueno fue porque entendí las ventas. Creo que vender es curativo y un vendedor está resolviendo un problema profundo cada vez que interactúa con un cliente. Un cliente entra con un problema, tal vez algo que falta en su vida, y el vendedor es la puerta de entrada a lo que necesita, para resolver el problema.

Con una creencia como esa, puedo darlo todo a esta persona porque realmente creo que la estoy curando. No solo es curativo, sino que vender también es una transferencia de energía. A la gente no le importa lo que vendes la mayor parte del tiempo: ¡te compran a ti y a todas tus emociones, estados de ser y sentimientos!

Cuando conseguí mi trabajo, sabía que no vendía automóviles, sino que me vendía a mí mismo y me comprometí a convertirme en el mejor sanador. Me dije a mí mismo mientras todos vendían autos, yo también me vendía, así es como llegaré a la cima, y lo hice.

La clave de este capítulo es aumentar su producción de energía para que la gente quiera estar cerca de usted y la gente quiera comprarlo. ¡Quieren comprar cómo los haces sentir! Quieren comprar los estados emocionales por los que los estás pasando. Antes de cualquier interacción con el cliente, debe activarse. Haz algo que te haga sentir poderoso y confiado. Antes de trabajar con cualquier cliente, aplaudía y decía mentalmente: "¡VAMOS!", Y mi cuerpo, mente y espíritu inmediatamente sabían que era hora de jugar; Era hora de servir a esta alma.

Imagine lo poderoso que sería esto una vez que comience a implementarlo en su rutina diaria. Quiero que tome tiempo y reflexione sobre algunas de las ventas que ha perdido en el pasado. ¿Los has perdido por la forma en que estabas actuando? O tal vez estabas teniendo un mal día y el cliente percibió tu mala energía. Incluso si es solo para esa interacción cuando te activas para la venta, tus ventas se dispararán porque te estás haciendo muy presentable, accesible y amigable.

He usado esta técnica con cada persona a la que le he vendido algo, incluso antes de entrar en ventas profesionales y ha funcionado.

En mi tercer día en mi concesionario, estaba siguiendo a un vendedor superior. El concesionario se estaba abarrotando y con un suministro insuficiente de vendedores, me pusieron en el piso. Me acerqué a un caballero, me presenté a él y le dije que era nuevo, pero que haría todo lo posible por tratarlo exactamente como quería que lo trataran. Comencé a explicar cómo funcionaba todo en nuestro concesionario y se sorprendió de lo relajado que estaba siendo. Comenzamos a hablar sobre la vida y expresé que este sería el primer auto que vendí.

Cuando comencé, el mínimo de las críticas que necesitabas al mes era 10 para poder ser elegible para bonos mensuales. Mi primer mes tuve 26 evaluaciones; mi segundo mes aumentó a 33. El CEO de la compañía se enteró de mis revisiones de última hora y cambió la política de revisión. El mes siguiente tuve 42 evaluaciones y lo cambió de nuevo. Lo cambió cada mes para los 7 meses que estaba allí y a la izquierda establecer el registro de la compañía de 80 evaluaciones para disfrutar de un mes.

Ni siquiera me importaba el volumen de coches que vendía, pero más sobre cómo podía conseguir que la gente comprara mi energía positiva y fuera un maestro en la venta. Esto no sólo me llevó a la cima de las listas de comentarios de 120 empleados, sino también a la cima en las ventas de automóviles.

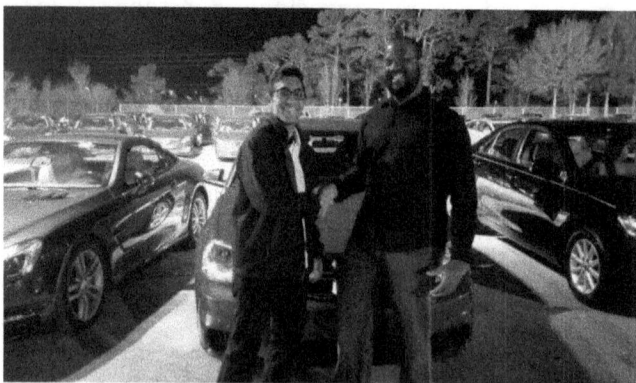

¡Anota tus principales conclusiones!

_____

_____

_____

_____

_____

_____

_____

_____

_____

_____

_____

_____

"Para que podamos crecer verdaderamente, debemos tomar la plena razonabilidad de lo que sucede en nuestras vidas."

-Omid Kazravan

Capítulo 6: Culpar efectivamente

Esta es una de las lecciones más valiosas que aprendí en mi vida y la he aplicado a todos los aspectos: mis relaciones, mis ventas y mi vida diaria. Esto no solo aumentó mis ventas, sino que también me permitió crecer significativamente cada vez que se presentaba un desafío o problema frente a mí.

En ventas, cuando perdemos una venta, no podemos pasarla por alto. Necesitamos investigarlo y preguntar por qué, porque hay una gema esperando que lo recolectemos y si lo pasamos por alto, perderemos esa oportunidad cada vez mayor.

Tuve que preguntarme por qué perdí la venta y qué lección puedo aprender de ella. Fue entonces cuando me di cuenta de que era mi culpa. Ahora que me hacía una pregunta más poderosa, mi cerebro comenzó a buscar una respuesta más poderosa. Comencé a reflexionar y comencé a ver pequeñas lagunas que se perdieron. Ahora que estaba asumiendo toda la responsabilidad por lo que sucedió, desarrollé una de las mejores lecciones de mi vida.

Cuando asumimos toda la responsabilidad por las cosas que suceden a nuestro alrededor y no culpamos a los demás, podemos absorber la lección mucho más.

Nuestro cerebro buscará las respuestas sobre cómo podemos mejorar para la próxima vez. Podemos mejorar la única cosa que no hicimos o tal vez hicimos demasiado que nos costó la venta o tal vez fue la relación en la que necesitamos poner más esfuerzo.

Por lo general, en la vida cuando tenemos una expectativa y no se cumple o nuestra expectativa no se cumple, a menudo nos encontramos con la decepción. Esa decepción comienza con el juego de la culpa en el que comenzamos a culpar a todos los que nos rodean, pero a nosotros mismos, la única persona que se beneficiará más de la lección.

Tómese el tiempo para mirar hacia atrás en su vida y sus ventas perdidas en las que culpó al cliente y hágase las siguientes preguntas. Cada vez que pierda una venta o en cualquier momento que esté revisando su cuota de venta, use estas preguntas como guía para ayudarlo a decodificarla.

• ¿Dónde salió mal?

• ¿Cómo podría haber satisfecho mejor sus necesidades?

• ¿Qué es lo único que puedo aprender acerca de mí mismo de esta interacción?

- ¿Qué puedo aportar de esta interacción a mi próxima?

Ahora, no podrá cerrar cada venta individual; a veces, incluso puede llevarle a un cliente un par de años comprarle. Sin embargo, este proceso de preguntas le permitirá decodificar y refinar constantemente su proceso en el camino. Siempre habrá el siguiente nivel para que alcances. No existe un proceso perfecto, pero existe el arte de perfeccionar en el camino.

Hay un término de ventas que escucharía de forma continua, incluso antes de comenzar las ventas. Por inadecuado que parezca, es un verdadero testimonio para muchos clientes: los compradores son mentirosos.

"Los compradores son mentirosos", sugiere que los clientes nunca quieren decir lo que dicen. Un segundo dicen que solo estaban mirando y al siguiente le están entregando un anticipo aunque le dijeron que no tenían intención de comprar su producto hoy.

Entran diciendo que quieren un producto muy específico y luego ven algo más por lo que su corazón inmediatamente sale y se olvidan de todo lo que dijeron sobre el primero.

Una de las mayores mentiras en toda la industria de ventas es cuando un cliente dice: "Solo mirando". Hay una razón por la que vinieron a revisar su inventario y no es porque estén "solo mirando", sino porque ESTÁN INTERESADOS ! Entraron en su establecimiento para ver sus productos; por lo tanto, se puede cerrar!

Si un cliente le dice que "solo está mirando" y lo deja irse, está dejando mucho dinero sobre la mesa. Si no cierra la venta, alguien más lo hará. Buscan a la persona que se destaca y pueden conectarse y ganar su confianza.

Tenga en cuenta que también es un cliente y / o comprador y también puede ser culpable de hacerlo. Si puede dar un paso atrás y observar la forma en que compra, puede aprender mucho sobre otros clientes.

Mientras escribía este libro, me mudé a una nueva ciudad. Lo primero que hice fue crear una lista de todos los gimnasios en mi área local para poder pasar la próxima semana revisando cada uno de ellos para ver cómo me trataban, si tenían el equipo que estaba buscando, y que finalmente cumplió mis estándares En el primer gimnasio, tan pronto como entré, fui saludado por una chica extremadamente amigable que me hizo un recorrido por el gimnasio. Tan pronto como comenzó el recorrido, nos reíamos, entablamos una gran conversación y ella me preguntó qué estaba buscando antes de mostrarme todo (recuerde, quiere satisfacer las necesidades del cliente). Después de nuestro recorrido, me mostró los precios y le agradecí que me explicara que estaba mirando varios gimnasios. Durante todo mi entrenamiento, no podía dejar de imaginarme haciendo ejercicio en cualquier otro gimnasio. Este gimnasio tenía un personal amable y lo que necesitaba; Inmediatamente me inscribí y no me he arrepentido de la decisión desde entonces.

Realmente creo que si el vendedor no me contrató de la manera en que lo hizo, habría llevado mi negocio a otra parte.

Ella no empleó tácticas de cierre duras, solo llegó a conocerme como persona, y aunque le dije que solo estaba mirando, ella lo frunció de una manera no agresiva.

Siempre cumpla con su proceso de ventas y atienda al cliente, incluso si él / ella está "solo mirando" porque generalmente los que no están interesados en este momento son los que compran ese día.

Los tiempos han cambiado y a la gente no le gusta que la fuercen o la manipulen. Muéstrales que te importas y estás ahí para ellos. La gente siempre compra a personas en las que confía. Si pierde una venta, es su culpa. Ahora que lo sabe, mire hacia atrás porque esto ayudará a disparar su crecimiento personal y lo ayudará a convertirse en un maestro de su oficio.

Al final de cada día, vuelva a examinar su día. Mira todas tus ventas y todo lo que perdiste ese día. Hágase preguntas y posiblemente realice un seguimiento para medir su progreso.

Mire sus ventas y pregúntese:

• ¿Cómo podría haberlo hecho mejor?

• ¿Qué hice que fue espectacular?

• ¿Casi hice algo para perder la venta? Si es así, ¿cómo me recuperé?

Si no puede entender por qué perdió una venta, puede ser un poco atrevido y llamar a su cliente y preguntarle qué podría haber mejorado. Nadie le dará una respuesta más clara que el cliente. A veces, lo único que separa una venta de una pérdida es algo tan pequeño como perder la oportunidad de hacer sonreír al cliente.

Su objetivo es crear una línea de tiempo de ventas para usted. Cree un proceso que lleve a su cliente y lo guíe a lo largo de la línea de principio a fin. Una vez que haya establecido su proceso claro, puede encontrar fácilmente los agujeros y formas de perfeccionarlo en el camino.

Mi proceso de ventas fue saludar al cliente, mostrarle cómo encontrar un automóvil en nuestro sistema, señalar el lote donde podría encontrar un automóvil. A continuación, le dije al cliente que volviera a entrar en la sala de exposición y me encontrara para que yo les detuviera el auto, diera un paseo y, a través de una serie de preguntas, sacara si eran serias para poder continuar. Una prueba de manejo. Después del viaje, regresamos a la sala de exposición y comenzamos el papeleo.

A veces, el cliente venía e inmediatamente me decía que quería conducir un automóvil específico y yo estaba de acuerdo y utilizaba mis habilidades de comunicación para desviarlo de mi proceso comprobado. Uno de mis gerentes generales lo dijo mejor, de una manera muy cómica. Él dijo: "Imagina que tu proceso de ventas es como una cita. ¡No solo le dices a tu cita todo sobre ti en la primera hora! Necesitas trabajarlo lentamente. Lentamente, brinde más y más información sobre usted a medida que continúe para que pueda mantenerla interesada y con ganas de más. ¡Nunca te muevas demasiado rápido!

¡Anota tus principales conclusiones!

_____

_____

_____

_____

_____

_____

_____

_____

_____

_____

_____

_____

_____

"Niéguese a ser ordinario!"

-Anonymous

Capítulo 7: Factor X

Este libro trata de convertirlo en el profesional de ventas del factor X. Pasarlo del vendedor ordinario al vendedor de SU cliente. Desea que el cliente lo presente como "él / ella es mi profesional de ventas (inserte el producto)".

Mucha gente tiende a esperar a que lleguen clientes potenciales y cuando adoptas un enfoque como ese tendrás cierto éxito, pero no lo suficiente como para aplastarlo en tu juego de ventas. Ya no vas a esperar pistas; los vas a crear. Las referencias llegan a quienes las ganan. Odio decirlo, pero no esperes que las personas solo te den referencias. Necesita ganarlos a través de un servicio al cliente excepcional.

En este capítulo, te voy a enseñar algo solo lo mejor del mejor uso. Esto está en un nivel completamente diferente de agregar valor del que realmente no escuchará.

Una de las técnicas que usé para obtener más referencias fue, literalmente, preguntar. Hay una cita muy famosa que dice: "Pide y recibirás". Creé una hoja con 3 formularios para completar la información de contacto de tres referencias. Daría este formulario a los clientes con los que me conecté extremadamente bien. He hecho suficiente despotismo en el banco de clientes que cuando quise retirarme tenía suficiente dinero.

Otra estrategia es ponerse delante de tantas personas como sea posible y entrar a sus hogares a través de tarjetas de agradecimiento. Imagina que cada vez que vas y revisas tu correo, todo lo que obtienes son un montón de facturas y anuncios de supermercados. No es muy emocionante revisar el correo a menos que tenga un paquete en camino. ¡Ahora piense en un momento en que fue a revisar el correo y había una carta PARA USTED! ¡Estás un poco emocionado y aliviado de que no sea otra factura! El hecho de que alguien haya tenido el tiempo y la energía para enviarle algo por correo muestra que estaban pensando en usted. ¿Por qué no hacer que su cliente se sienta especial? Tengo un amigo que es un maestro apreciador y sus ventas siempre están por las nubes porque sabe cómo alcanzar la grandeza a través de la gratitud al ser un maestro en el envío de notas de agradecimiento a sus clientes.

Para aquellos de ustedes que no lo saben, hay un hombre, Joe Girard, que posee el Libro Guinness de los Récords Mundiales para la mayoría de los automóviles vendidos (13.001). Atribuye la mayor parte de esto a la misma técnica Después de cada interacción con un cliente, comprado o no, él les enviaba una tarjeta personalizada con respecto al encuentro. No solo es una estrategia efectiva, sino que también te estás metiendo en sus hogares. No sé sobre usted, pero cada vez que recibo una tarjeta de felicitación, generalmente las guardo por un momento y las miro de vez en cuando, ¡especialmente cuando tienen un mensaje realmente agradable!

Ahora sé que estás pensando: ¡quiero leads y esta es una manera perfecta de pedir leads! No es. El objetivo de esto no es enviar la tarjeta y poner un mensaje diciendo: "¡Fue un placer conocerte! El mejor cumplido es una recomendación "¡porque ese es el primer paso fuera de su casa!

Queremos agregar valor y demostrar que nos importa. Mantenga un registro de cada uno de sus clientes y de la información específica que haya reunido, como cuántos hijos tienen, qué les gusta de la vida, qué producto compraron o vieron, e incluso cuándo son sus cumpleaños.

Tienes toda esa información, así que cuando te vuelves a conectar con ellos ya sabes de ellos. Eso hará que el cliente se sienta especial y le enviará más negocios, especialmente si hace que sus amigos y familiares se sientan tan increíbles como los hace sentir. En los cumpleaños de sus clientes, envíeles tarjetas solo deseándoles un feliz cumpleaños o envíe tarjetas durante las vacaciones. Lo que está haciendo es mantenerse en contacto y estar cerca de él / ella a través de la frecuencia; Cuando alguien le pregunta sobre la compra de un automóvil, el cliente lo derivará de inmediato porque está haciendo lo que nadie más está haciendo y se mantiene en contacto.

Puede estar pensando: "¡Omid, no quiero gastar todo este dinero en franqueo y tarjetas!" Sin embargo, si realmente lo piensa, una referencia podría hacer una venta que le proporcionaría una comisión suficiente para cubrir todo sus costos y le dan mucho más dinero en el banco.

Trate sus ventas como su propio negocio y como si fuera el CEO. Esto es solo una inversión comercial y las inversiones tienen un ROI y está utilizando este ROI para obtener más ventas, lo que en última instancia aumentará sus números y lo ayudará a ganar más dinero y referencias. Recuerda que esto es un negocio; vas a necesitar gastar algo de dinero para ganar dinero.

Otra cosa que hizo Joe Girard que le trajo muchas referencias fue pagarle a la persona que le dio una referencia y se aseguró de que todos a su alrededor lo supieran. A cada persona que vendió o incluso a aquellos que no compraron le ofrecería $ 25 por cada persona que le recomendaran. ¿Ves la llave? Sin embargo, incluso el hombre que vendió la mayor cantidad de autos en el mundo sabía que no podía cerrar cada venta y aun así ofreció pagar solo por la referencia. Es una situación de ganar-ganar para todos los involucrados.

La gente promedio hace lo que se requiere; Las personas exitosas van más allá de lo esperado. Si haces lo que siempre has hecho, obtendrás lo que siempre has conseguido. Es hora de sacudirlo un poco y probar nuevas estrategias. ¡Si quieres ser el mejor, tendrás que cambiar todo!

¡Anota tus principales conclusiones!

_____

_____

_____

_____

_____

_____

_____

_____

_____

_____

_____

_____

_____

"Si crees que puedes, o no puedes, tienes razón"

-Henry Ford

Capítulo 8: Círculo completo

Cada vez que empiezo algo, me gusta unirlo todo al final, ponerlo en un círculo completo y golpear todos los puntos más importantes nuevamente.

No hay el capítulo final; esto no termina Esto es algo que llevas con tu rutina diaria porque no solo te ayuda a obtener más referencias, ganar más dinero y aumentar las ventas, sino que también ayuda a enriquecer tus relaciones durante toda tu vida.

Mi objetivo al escribir este libro era darle herramientas para usar en su vida profesional y personal. Todas estas habilidades, estrategias y consejos se correlacionan con el mundo real y se sorprendería de cómo cada una de estas áreas se ayuda entre sí.

Con este capítulo, quiero darle algunos de mis últimos consejos y técnicas para impulsarlo una vez que esté listo para comenzar a aplicar lo que ha aprendido. En términos del sistema 80/20, el negocio es 80% de psicología y 20% de producción. Si planea ejecutar sus ventas como si fuera su propio negocio, entonces debe dominar cada parte de él.

Quiero centrarme mucho en la psicología de los humanos y la correlación con las ventas. El gran Henry

Ford dijo: "Si crees que puedes o no, tienes razón". Toma esta frase y disecciona realmente el mensaje que está tratando de retratar. La única persona que se interpone en tu camino eres tú. Todas las batallas que enfrentas en este mundo son solo tú contra ti mismo. Puede pensar que se enfrenta a un oponente externo, pero en realidad es solo un reflejo de su proyección hacia el mundo exterior. Algunos de nosotros pensamos que el oponente es nuestro cliente. Es por eso que insisto en el hecho de que debes dar un paso atrás y analizar la situación.

No creo que podamos vender a cada cliente, pero hay algo ... UNA COSA ... que siempre puede cambiar un trato perdido en un trato cerrado. Al aceptar que cada trato perdido es nuestra culpa, estamos más abiertos a las posibilidades de aprendizaje para cerrar el próximo cliente. Todo dependerá de ti y de cómo manejas todo y usas esto en tu vida. Cuando no hay un enemigo externo para lastimarte, te haces amigo de quién eres dentro.

Sé que no existe la perfección, pero sí creo en el progreso y la perfección en el camino. No creo que tengamos una relación perfecta con nosotros mismos, ya que somos humanos y tenemos emociones positivas y negativas. Sin embargo, si creamos un entorno en el que los aspectos positivos superen a los negativos, nuestras relaciones estarán más cerca de ser perfectas que no. Una vez que pueda convertirse en un maestro de sus emociones, verá cómo comienza a reflejarse en su día y especialmente en sus ventas.

Es más que la forma en que trata a sus clientes; también es cómo te tratas a ti mismo porque eres tu cliente final. Si no puedes venderte a ti mismo, no hay forma de que puedas vender a alguien más.

Aquí hay algunas grandes maneras de dominar más de ustedes.

- *Meditación*

- *Ejercicio*

- *Conjuros positivos*

- *"Soy..." Declaraciones*

- *Su entorno*

- *Conciencia*

- *Divertido*

<u>Meditación:</u> La meditación es algo que lo supera todo. Es la herramienta perfecta para convertirte en un mejor tú. Ayuda a traer paz a tu vida y a liberar mucho estrés innecesario que no necesitas. Imagine

que su mente es como el océano; En el día a día, generalmente se balancea como si estuviera pasando por una tormenta masiva. Lo que la meditación hace es ayudar a calmar esas aguas a una quietud en la que una piedra puede caer y crear una onda masiva en todo momento.

La meditación te permite acceder a una parte diferente de tu mente. También te ayuda a encontrar más respuestas. Puedes hacer meditaciones guiadas o cerrar los ojos y poner música clásica y respirar profundamente permitiéndote visualizar lo que quieres en la vida. La meditación tampoco tiene que ser una gran parte de tu día. Puede hacerlo por tan solo 10 minutos al día. De cualquier manera, te invito a que seas de mente abierta y le des una oportunidad. Incluso si nunca lo has hecho antes. Si visita el sitio web www.alwaysbeclosingbook.com/meditation, le doy una lista gratuita de todas las meditaciones que recomiendo hacer.

Ejercicio: ¡ESTO ES ENORME! Su cuerpo es el único vehículo en el que tiene que vivir y su único hogar. Es lo que le dará la energía para trabajar, crear, conocer a más personas y cerrar más ventas. Si no tienes energía no puedes hacer nada.

Sé que has tenido días en tu vida donde tu nivel de energía es extremadamente bajo y no puedes producir nada.

Ahora no digo que dediques toda tu vida a convertirte en un adicto al ejercicio, ¡solo mueve tu cuerpo! Lo que no usas, lo pierdes. Salga a caminar o tome una clase de yoga o simplemente estírese en casa. La salud es nuestra mayor riqueza y si estamos ayudando a que nuestro cuerpo se mueva, nos dará más energía para que no necesite depender de la cafeína para operar. Solía trabajar con personas que no podían operar sin una bebida energética. Vivimos en la era de la información donde todo y cualquier cosa que deseamos aprender está al alcance de la mano. Te animo a que vayas y hagas una investigación sobre las formas en que puedes hacer que tu cuerpo se mueva, formas en que puedes involucrar algunos de tus músculos y abrir esos músculos tensos para que fluya más oxígeno.

Al igual que en la vida, no nos es posible detectar la reducción. En el mundo del culturismo, la reducción de manchas es un término que significa que solo te enfocas en perder grasa en un área de tu cuerpo. Eso es imposible porque su cuerpo tiene que entrar en un modo de quema de grasa y quema grasa EN TODO. En la vida, tienes múltiples áreas, pero tiendes a concentrarte en una. Incluye TODAS las áreas de tu vida y cuerpo y ¡MÚDATE!

Conjuros positivos : Estoy seguro de que puedes estar de acuerdo en que estamos hablando constantemente con nosotros mismos. Desafortunadamente, la mayoría de las veces es un diálogo interno negativo ... entonces, ¿por qué no establecer las reglas para que ganemos? Si vamos a hablar con nosotros mismos, también podríamos inundar nuestra voz interior con nada más que palabras y frases positivas. Entrena tu mente para creer y crear lo que quieras.

Los encantamientos son afirmaciones con más poder, emoción y reacción asociados. Una afirmación es una forma de hacer que una frase permanezca en tu mente a través de la repetición, como "Estoy feliz, estoy feliz, estoy feliz", hasta que elijas creerlo. Cuando repitas un encantamiento, dilo, personifícalo y lleva todo lo que tienes a lo que estás diciendo.

Sea creativo con ellos; rímalos si puede, llénelos con palabras que lo emocionarán cada vez que lo hable. La intención de esto es cobrarle absolutamente cada vez que lo encarna. Cada vez que este encantamiento abandona tus labios, es como si estuvieras poniendo toda tu alma en él.

Aquí hay un ejemplo de uno de mis encantamientos anteriores:

"Por fin el pasado es pasado. Yo, Omid Kazravan, estoy alimentado de por vida. Tengo una pasión ardiente intensa por compartir mi carisma excepcional con las personas que me rodean. ¡Tengo un fuego dentro que derrite todas las limitaciones! Estoy extremadamente extático por mi vida porque soy una bestia motivadora que no puede ser domesticada. Todo lo que hago enciendo el modo BEAST y lo doy todo. Soy un estratega maestro listo para poner a trabajar mi maravillosa creatividad. La riqueza del universo está circulando en mi vida, fluyendo hacia mí en avalanchas de abundancia. Todas mis necesidades, deseos y metas son satisfechas instantáneamente por una inteligencia infinita. Soy un alma vibrante, activa, viva, dinámica y enérgica. Estoy extremadamente agradecido por mi salud y mi bienestar. Soy un éxito ".

Ahora, no necesita ser tan largo como el mío, sino más bien corto y al grano. Puede ser una oración si quieres. Uno de mis encantamientos cortos favoritos es: "TODO LO QUE NECESITO ES DENTRO DE MÍ AHORA". Es directo y al grano y me entusiasma cuando lo digo. ¡Recuerde, no tiene que quedarse con usted por el resto de su vida! Está bien cambiarlo constantemente a medida que maduras.

Aquí está uno de los encantamientos del orador legendario Tony Robbins que declara ante cada cliente o audiencia:

"Ahora le ordeno a mi mente subconsciente que me dirija a ayudar a tantas personas como sea posible hoy a mejorar sus vidas, dándome la fuerza, la emoción, la persuasión, el humor, la brevedad, lo que sea necesario para mostrar a estas personas y obtener estas personas a cambiar su vida ahora! "

¡Anímate y sé creativo con los tuyos! Siéntase libre de consultar el diccionario de sinónimos de sinónimos para realmente traer emoción y una sonrisa a su cara.

Declaracione de "Yo soy….: estos son el mismo concepto que los encantamientos. No solo estamos diciendo I am, sino que los estamos encarnando físicamente y hablando en voz alta al mundo. ¡Es mejor si pones EMOCIÓN EN ELLA! Convéncete de que va a cambiar tu vida; debes creer en él completamente para que surta efecto. Recuerde, está volviendo a cablear años y años de patrones de pensamiento en algo que realmente nos sirva en un nivel superior. Asegúrese de que sus mensajes y sus encantamientos también estén alineados con sus creencias.

Estos son mis I AMS que digo a diario:

- Soy amado
- Soy creativo
- Estoy guiado
- Estoy centrado
- Estoy castigado
- Soy apasionado
- Estoy agradecido
- Soy carismático

Repito esto cuando conduzco o salgo a caminar o correr. Si estoy en el auto, haré sonar mi música y luego procederé a gritar todo esto en la parte superior de mis pulmones e involucraré a todo mi cuerpo, incluidas mis expresiones faciales, y crearé la intensidad y el propósito de que CAMBIARÁ en mi vida.

¿Quieres ser más una persona paciente? ¿Tal vez quieres ser más creativo y no te sientes así? Deja volar tu imaginación y no la limites. Todo es posible. Asegúrese de que sus mensajes de texto estén en tiempo positivo. Nuestros cerebros no pueden registrar el tiempo negativo, así que si dices "no soy _____", ¡tu cerebro registrará que eres eso! Todo esto es parte del proceso de crear nuestra vida por diseño y recordar que las personas exitosas hacen lo que los fracasos no hacen. Siga adelante y cree el suyo, pero recuerde anotarlo.

Tu entorno: Ustedes son las personas con las que se rodean. Recuerdo que cuando trabajaba en mi concesionario se convirtió en mi segunda casa. Pasaría entre 60 y 85 horas a la semana allí, así que estas eran las personas con las que me rodeaba constantemente.

Recuerdo que muchos compañeros de trabajo se quejarían mucho y no harían nada más que poner energía negativa en el mundo.

¿Ves cómo este tipo de personas pueden derribarte si lo permites? Ese es el poder de las personas negativas. Recuerdo que me sorprendí adquiriendo algunos de sus hábitos y repitiendo sus comentarios negativos. Tenía que atraparme y recordarme quién era.

No te unas al club negativo; en su lugar, use ese tiempo para crear oportunidades para usted en sus ventas. Mientras se quejan, ve a hacer una venta porque lo que sacas finalmente volverá a ti, así que si no haces nada más que dejar energía negativa en la habitación, eso es lo que recibirás. En cambio, genere un ambiente positivo que fomente su crecimiento, ya sea en su lugar de trabajo o en el exterior. Independientemente de cuánto cambio queramos, si nuestro entorno es extremadamente tóxico, es probable que nunca realicemos el cambio o que sea extremadamente difícil.

Conciencia: El primer paso para cambiar es tener en cuenta que hay algo que debe cambiarse. Sé consciente de tus debilidades, de lo que sucede a tu alrededor, de lo que te está haciendo hacer algo o de por qué estás reaccionando de la manera que eres.

Conviértete en un maestro de analizar a ti mismo. Siempre pregúntate POR QUÉ haces algo porque una vez que puedas darte cuenta, sabrás lo que te motiva y podrás replicarlo.

Si siente cierta emoción, retroceda y pregúntese por qué se siente así. ¿Qué necesitarías hacer en ese momento para detenerte o comenzar a sentir esa emoción? ¡Si no puedes pensar en algo, solo finge que sabes la respuesta y mágicamente te llegará!

Conciencia: El primer paso para cambiar es tener en cuenta que hay algo que debe cambiarse. Sé consciente de tus debilidades, de lo que sucede a tu alrededor, de lo que te está haciendo hacer algo o de por qué estás reaccionando de la manera que eres.

Conviértete en un maestro de analizar a ti mismo. Siempre pregúntate POR QUÉ haces algo porque una vez que puedas darte cuenta, sabrás lo que te motiva y podrás replicarlo.

Si siente cierta emoción, retroceda y pregúntese por qué se siente así. ¿Qué necesitarías hacer en ese momento para detenerte o comenzar a sentir esa emoción? ¡Si no puedes pensar en algo, solo finge que sabes la respuesta y mágicamente te llegará!

DIVERTIDO: Finalmente, de esto se trata: diversión. Si no te estás divirtiendo, algo está mal. Necesitas divertirte en lo que haces porque tu diversión se escapará y se volverá contagiosa; la gente querrá estar cerca de ti porque solo eres una persona realmente divertida.

Siempre pregúntese cómo puede hacer que esta tarea sea más divertida. ¡Sé creativo, como un explorador hambriento que siempre busca oportunidades! Algo que siempre me disgustó fue poner aire en los neumáticos de mis clientes. Sin embargo, creé un juego a partir de él; Decidí correr por cada neumático y crear un tiempo personal. Hacer eso me entusiasmó bombear aire porque era una actividad que ya no parecía aburrida.

Cuando las cosas se vuelven aburridas, ya no quieres dar lo mejor de ti. Si no es divertido, no vale la pena. Si no te estás divirtiendo, debes descubrir por qué no te estás divirtiendo o cambiar tu carrera.

La vida es demasiado corta para no divertirse.

¡Anota tus principales conclusiones!

_____

_____

_____

_____

_____

_____

_____

_____

_____

_____

_____

_____

"No hay tal cosa como el fracaso, sólo resultados."

-Anthony Robbins

Capítulo 9: Conclusión

Te necesitan en este mundo, en esta sociedad. Los vendedores hacen que la rueda gire porque si no ayudamos a retirar los productos de los estantes, todo el sistema deja de funcionar. Somos los motores de toda la operación.

Una vez que adoptes esta creencia, comenzarás a sentirte mucho más satisfecho porque inmediatamente estás haciendo algo mucho más grande que tú. Imagine una cadena alimentaria: incluso si faltara un componente de la cadena alimentaria, crearía una onda masiva y, en última instancia, alteraría todo el ecosistema.

La próxima vez que interactúe con un cliente, recuerde que él o ella no solo está comprando el producto, sino también usted. Si deja una impresión negativa, también está dejando una impresión negativa en cada persona con la que habló el cliente. Ahora veamos el otro lado de la moneda.

Piense en un momento en que alguien le dejó una impresión duradera. Una vez que tenga a esa persona en mente, piense en cómo se sintió y también piense en a quién le contó su experiencia. Esa persona acaba de recibir mucha exposición gratuita solo por ser un gran vendedor.

Su cliente aprecia a un vendedor que hará un esfuerzo adicional y le dará una interpretación honesta. Esto ayuda a construir su relación y relación entre usted y su cliente. Como vendedor, el objetivo final es cerrar una venta; Al servir a su cliente e iniciar una afinidad honesta y confiable, ¡CERRARÁ LA VENTA!

Es hora de que tomes todo lo que has aprendido y ve y lo apliques. Todo lo que necesita para duplicar o triplicar sus ingresos y ventas es solo UNA cosa. No hay razón para que se sobrecargue de información si al final no usa nada de lo que ha aprendido.

Muchas gracias por tomarse el tiempo de leer este libro. Me siento muy bendecido y agradecido de haber tenido la oportunidad de compartir mis aprendizajes con usted y beneficiar la calidad de su vida. ¡Espero poder conocerte en algún momento!

Agradecimientos

De todo el libro, este capítulo es probablemente el más difícil de escribir. Hay tantas personas que he conocido a lo largo de mi vida que han agregado inmensas cantidades de valor a mi vida.

Las relaciones son la verdadera moneda de la vida. Cuanta más calidad tenga en sus relaciones, más satisfecho se sentirá. Estoy donde estoy hoy debido a la influencia que las personas con las que me he rodeado me han tenido.

"Muéstrame a tus amigos y te mostraré quién eres". Esta cita siempre me llama la atención porque eres el total de las cinco personas con las que más andas. Me siento muy honrado de haber podido rodearme de nada más que la verdadera grandeza.

Me llevaría una eternidad sentarme aquí y agradecer a todos. Voy a comenzar con las personas que han tenido el mayor impacto primero.

Mamá: Mi hermosa madre, te amo mucho. Es por ti que estoy donde estoy hoy. Criarme, como madre soltera, no fue tarea fácil, pero hiciste innumerables sacrificios y lograste salir adelante. Solías trabajar en tres trabajos solo para pagar las cuentas y alimentarnos a los dos cuando era más joven. Toda mi vida inculcaste la creencia de que podía hacer, ser y crear lo que quisiera; siempre y cuando tuviera una visión para ello y trabajara mucho. Eras mi Tony Robbins incluso antes de que lo conociera. Eres la mejor vendedora que he conocido en mi vida, eres la encarnación del amor incondicional, un verdadero estafador y la mejor madre para caminar por este planeta.

Nick: mi hermano de otro. Al momento de escribir este libro, tenemos 12 años de amistad. Siempre has estado allí cuando lo necesitaba, y siempre sabes exactamente qué decir y cuándo decirlo. Durante los momentos más bajos de mi vida, siempre supe que aparecerías al 100% cuando llamé; y ser el mejor amigo que un tipo podría pedir. No sé dónde estaría en mi viaje si no te tuviera a mi lado. Siempre me mantienes humilde y siempre captas las cosas que hago que nunca me veo. te quiero. Gracias.

Juan: Eres como mi hermano mayor, siempre cuidándome y siempre manteniéndome fuera de problemas. Cada vez que vengo a ti con una razón de por qué no puedo hacer algo, inmediatamente rompes esa historia de BS que tengo en mi cabeza. Eres una de las mayores inspiraciones de mi vida y todos los días me siento honrado de poder llamarte hermano. Siempre me has mantenido en mi nivel más alto desde el día en que te conocí. Siempre sé que puedo contar contigo cuando necesito discutir una nueva idea, relación o nueva empresa comercial. Es gracias a ti y a Luis que estoy tomando medidas para cualquier cosa que tenga que ver con mi pasión. te quiero. Gracias.

Luis: ¡ESTE CHICO! Eres la definición de ajetreo. Eres la última persona que quiero decepcionar. Sé que si te digo que voy a hacer algo, eso significa que tengo que hacerlo. Si no lo hago, habrá una cantidad interminable de tostado. Me has enseñado muchas cosas con respecto a nuestra industria. No solo eres mi mentor sino también mi otro hermano. Cada vez que estoy a punto de hacer algo, siempre me pregunto: "¿Qué haría Luis?". Te preocupas mucho por los que te rodean y eso se nota en tus acciones cotidianas y en cómo interactúas con todos. A pesar de lo súper ocupado que estás, reservas tiempo para hablar conmigo cada vez que llamo. Eso significa el mundo. Si nunca te hubiera conocido, estaría a millas de distancia. te quiero. Gracias.

Familia Kazravan: Muchas gracias por ayudar a mi madre a criarme. Has infundido tanto amor en mi vida solo porque todos exudan amor. Gracias por ayudarme a crear hermosos recuerdos, estar allí cuando más lo necesitaba y mostrar un sinfín de apoyo y aprecio. Te amo gracias.

"Trabaja tan duro que tus ídolos se conviertan en tus amigos".

Tony Robbins: Todavía no te he conocido, pero durante los últimos 10 años has sido la mayor fuente de inspiración y motivación en mi vida. Desde los 12 años he estado escuchando y aplicando todo lo que has estado enseñando. He sido resucitado de tus enseñanzas. Cada vez que siento que los tiempos se están poniendo difíciles y quiero tirar la toalla siempre pienso en tu historia de tu educación. Si tuviera que dejar de fumar cuando se enfrentara a todas esas dificultades, mi vida nunca se vería afectada y no estaría aquí, ni habría conocido a las personas increíbles en mi vida. Una vez que me conecto con eso, sé que necesito seguir haciendo esto para aquellos similares a mí en el mundo. Sigue haciendo lo que estás haciendo y no puedo esperar el día en que pueda compartir un escenario contigo y llamarte uno de mis queridos amigos. Te amo gracias.

"Trabaja tan duro que tus ídolos se conviertan en tus amigos".

Tony Robbins: Todavía no te he conocido, pero durante los últimos 10 años has sido la mayor fuente de inspiración y motivación en mi vida. Desde los 12 años he estado escuchando y aplicando todo lo que has estado enseñando. He sido resucitado de tus enseñanzas. Cada vez que siento que los tiempos se están poniendo difíciles y quiero tirar la toalla siempre pienso en tu historia de tu educación. Si tuviera que dejar de fumar cuando se enfrentara a todas esas dificultades, mi vida nunca se vería afectada y no estaría aquí, ni habría conocido a las personas increíbles en mi vida. Una vez que me conecto con eso, sé que necesito seguir haciendo esto para aquellos similares a mí en el mundo. Sigue haciendo lo que estás haciendo y no puedo esperar el día en que pueda compartir un escenario contigo y llamarte uno de mis queridos amigos. Te amo gracias.

Amigos: Sergio, Adriana, Lola, Michael Savage, Chuck, Felix, Mina Shah. Si me perdí tu nombre, todos sabrán exactamente quién eres. Gracias por estar separado de mi vida y hacer que valga la pena vivirla. No cambiaría los recuerdos que hemos creado por nada. Nuestras raíces son muy profundas y todo lo que quiero hacer es compartir mi éxito con todos ustedes. Gracias a todos por su apoyo y todas las risas que hemos compartido juntos. Te amo gracias.

Tú: Gracias sobre todo. Tú eres la razón por la que me levanto para trabajar y la razón por la que paso horas creando contenido. No estaría haciendo esto si no estuvieras aquí. Cada vez que estoy creando algo, sé que hay personas que necesitan escuchar lo que tengo que decir. Gracias por ser como eres. Mi visión es impactar a un millón de personas (incluido usted) y mostrar a las personas cómo aumentar la calidad de sus vidas.

Libro 2: Cómo Construir Un Embudo De Ventas

Lo Que Hacen Los Líderes De Su Industria Para Mantenerse En La Cima

Por

Omid Kazravan

Introducción

Gracias por tomarse el tiempo para comprar este libro y llegar a leerlo. Esto significa que usted ha estado buscando una solución a un problema que usted no sabe qué hacer acerca de aumentar sus ventas en línea. Sufrimos lo mismo hasta que encontré lo que significa tener un embudo de ventas y lo que puede hacer por su negocio. Aquí hay una breve historia sobre lo que me hizo escribir este libro.

Estaba vendiendo camisetas en línea a través de Amazon, y también estaba ayudando a un amigo mío a vender su libro electrónico corto sobre cómo construir un panel solar en una rv. El problema que tenía en Amazon era que si no tenía camisetas para vender, eso es todo, y el libro de mi amigo no lo estaba haciendo tan bien. Nos sentamos y decidimos diseñar un sitio web que nos ayudara a vender las camisetas. Después de dos meses de contratar a un diseñador y hacer todo lo que necesitábamos para el sitio web, era el momento de subir las fotos y venderlas.

Después de unas tres semanas, me di cuenta de que algo estaba mal con el sitio. No se vendía nada. Después de gastar miles de dólares en él, no pasaba nada. Ese fue el final de todo. Sin trabajo y sin ventas, estaba en un rincón oscuro.

Más tarde, un amigo vino a mí y por una taza de café, mencionó algo con embudos de ventas. En particular, estaba hablando de construir un embudo con ClickFunnels. Me senté después de eso con mi computadora e investigué sobre ClickFunnels en Internet. Tenían todo lo que quería oír, pero para que yo lo verificara, tuve que intentarlo.

Después de 48 horas de construir un pequeño sitio en la plataforma que estaba bajo una suscripción gratuita durante 14 días y empujando el tráfico de las camisetas, hice ventas que fueron suficientes para pagar mi suscripción de seis meses. Cada mes me costaba $97 para mantener el embudo en marcha.

Sé que estás tratando de pensar en cómo lo hice. Este libro le explicará todas las cosas que tiene que considerar si desea construir un embudo de ventas exitoso. A diferencia de mí que tuve que aprender a medida que avanzaba, tendrás todos los consejos contigo a medida que construyes tu negocio en línea y tratas de convertir posibles clientes potenciales en clientes. He hablado de todos los puntos fundamentales que tengo, estructurados en capítulos. Al final de este libro, sabrá por qué necesita empezar a construir su embudo de ventas y por qué ClickFunnels es una de las mejores plataformas para unirse.

Capítulo 1: La mentalidad de ABM que necesita para este libro

Antes de aventurarnos por completo en la creación e implementación de embudos de ventas, veamos primero lo que nos está ayudando a hacerlo en primer lugar: la idea del marketing basado en cuentas (ABM). Si usted está liderando un negocio en línea, esto es algo que puede haber escuchado o ver sin saber realmente lo que es. Si usted está leyendo acerca de ABM por primera vez, permítanme decirles que ha existido desde 2003.

Es un tema candente que está en tendencia en el mundo del comercio electrónico, pero ha pasado mucho tiempo desde que se introdujo la ideología. La mayoría de las OCM en la comercialización B2B lo están considerando si no es su prioridad número uno.

Sin embargo, incluso aquellos que lo entienden bien tendrán diferentes definiciones de lo que es.

¿Qué es ABM de todos modos?

Si lo ponemos de una manera que puedacomprender de qué se trata, es una técnica que controla todo el equipo de marketing para hacer una cosa: involucrar a las cuentas objetivo para convertirse en compradores. Recuerde que necesitamos vender nuestros productos y servicios aquí. Lo que hace ABM es obligar a los departamentos de marketing y ventas a trabajar juntos en función de los mensajes enviados a cuentas específicas.

¿Cuál es el objetivo aquí? Aumentar los ingresos en poco tiempo, con todos los recursos controlados bajo un mismo techo. Eso es lo que una plataforma como ClickFunnels está haciendo a cada emprendedor exitoso que se ha unido.

Ahora, en lugar de utilizar sus esfuerzos de generación de clientes potenciales para perseguir a una amplia gama de clientes, en lo que el equipo de marketing se centrará aquí es en el ABM y lo que las ventas están reflejando (Rietkerk, 2019). De esta manera, puede elegir los prospectos cruciales que más tarde pueden ayudar a adaptar sus mensajes y programas para los compradores en las cuentas de destino.

Tener la idea de lo que se trata para que pueda tener la mentalidad es una cosa; el siguiente es lo que necesita saber sobre ABM. A muchos vendedores que todavía no pueden conseguirlo les encantaría verlo desaparecer. Pero con la IA alrededor, tal fenómeno en la creación está aquí para quedarse.

Puesto que estamos concentrando todas las fuerzas de comercialización en cuentas específicas, ¿significa que no tenemos en cuenta lo que la generación de plomo ha estado haciendo antes de que ABM llegara a golpear? ¿Qué se necesita para dejar fuera todo lo que sabes antes de cosechar las recompensas?

Una vez tuve una mesa redonda con algunos de los gurús de la ABM, y este fue un problema que tomó toda la sesión por sorpresa. Había preocupaciones acerca de cómo lo haces en tu camino hacia el éxito. Esto es lo que tuvieron que compartir con otros vendedores en el foro. A medida que leas el resto de este libro, los puntos a continuación son los que vas a usar para guiarte en la dirección correcta.

Cada negocio es diferente. Para que te mantengas en la cima, es crucial no dejar que el miedo descarte la posibilidad de aprender algo nuevo.

ABM no es la única solución para todos sus problemas de marketing

Si es una técnica que está haciendo que tus competidores te salgan, no creas que es la única bala que has estado buscando todo este tiempo (Pike, 2016). Es mucho mejor cuando lo ves como una solución rápida a tu marketing y venta, pero lo que te hará entender mejor es pensar en ello como una nueva filosofía. Es otra forma de impulsar su organización o idea de lo que más importa: las cuentas de clientes interesados.

Es vital abrozar la compra organizacional

Debe centrarse en más de lo que están haciendo los aspectos de ventas y marketing. Esto significa tener en cuenta los mensajes externos, las preventas, el soporte posventa y la experiencia general del cliente. Todo y todos los involucrados deben dedicarse a saber cuáles son las cuentas objetivo correctas y los involucrados. Lo siguiente es todo acerca de las propuestas de valor y los mensajes que necesita usar para involucrarlos.

De esa manera, se concestará en los contactos que obtiene de un área de cuenta de cliente y verá si hay nuevas oportunidades para explorar o nuevas conexiones para llamar y realizar ventas cruzadas. Si su equipo no se aventura en una comunicación efectiva, los clientes nunca obtendrán la información vital que están buscando antes de participar en el proceso de compra.

ABM es un ganador en la alineación de ventas y marketing

Al comprender ABM, usted acepta que trae una alineación perfecta entre el marketing y las ventas generadas. Eso significa que si tienes personas en tu equipo que siempre apuntan a los mercados objetivo y reaccionan por el rendimiento de las ventas, será difícil convencerlos de ir por el camino ABM si lo encuentran como una distracción a sus métodos.

Es mejor cuando te rodeas de personas visionarias que pueden ver lo que tu nuevo enfoque puede hacer.

A las grandes organizaciones les resultará difícil unirse a una plataforma ClickFunnels que a las pequeñas y medianas empresas

Si te resulta difícil comercializarlo, solo con todos los recursos de marketing que necesitas, entrando en una plataforma que pueda resolver que será una decisión fácil. Sin embargo, para las grandes organizaciones, que ya están teniendo éxito en lo que hacen, va a ser complicado cuando se enteren de que es posible abandonar la mayor parte de lo que creen para simplificar el mercado y vender antes de recoger los informes.

Por otro lado, puede introducir la idea a la empresa apuntando a aquellas personas que desempeñan un papel estratégico. Ellos son los que pueden ver el objetivo a largo plazo y verte a través de la causa.

El cliente es el rey aquí - conocerlos bien

Cada departamento involucrado debe estar diseñado para saber todo sobre los clientes. Eso significa incluso considerar los informes del lado de las ventas. Según uno de los asistentes a la mesa redonda, se necesita un enfoque de personalización que requiera un seguimiento e investigación exhaustivos. Los aspectos de marketing y ventas deben buscar más información sobre sus clientes, por ejemplo, cavando más en las redes sociales después de comprobar las cuentas individuales del comprador.

Después de la identificación del objetivo, evite sobrecargar a los clientes con información

Es una tendencia común que después de identificar a las personas adecuadas, te sientas tentado a empujar todos los demás detalles que creas necesarios para ellos. Al final, los clientes obtienen más de lo que requieren, lo que los hace perder interés debido a que usted empuja vehementemente por sus productos o servicios. Lo que les das debe ser tamizado por el tiempo, saber lo que han visto, y responder a lo que están buscando.

Los datos son vitales en su estrategia de ABM

Diferentes formas de datos están confundiendo a muchos vendedores, especialmente si usted está trabajando para una gran empresa. Si tiene una herramienta que le ayudará a organizar y limpiar los datos antes de desecharlos a los clientes, puede concentrarse más en la investigación personal que le ayudará a crear un conjunto de datos enriquecido para su protocolo ABM. ClickFunnels es un lugar que puede ayudarle a organizar su recopilación de datos a medida que comprueba lo que necesita entregar.

Antes de que veamos los objetivos que puede establecer a medida que construye un embudo de ventas, es esencial tener en cuenta los puntos anteriores. El marketing basado en cuentas implicará concentrar sus recursos en cuentas de compra específicas y proporcionar la información correcta que desencadenará informes de ventas y después de las ventas que conducirán a una mayor interacción. Por lo tanto, usted necesita saber dónde se encuentra antes de ir a todos en hacer las fortunas.

Capítulo 2: Los objetivos que puede establecer en ABM Marketing

¿Eres un vendedor en línea o aspira a serlo? Las palabras "Marketing Basado en Cuenta" serán una de las cosas que a menudo escuchará. Es posible que se haya suscrito a un par de boletines de noticias por correo electrónico que ya le han mostrado cómo ABM puede ser genial para su negocio. Dado que las empresas involucradas necesitan crear clientes que traigan los ingresos relevantes, tiene sentido unirse a una plataforma como ClickFunnels o algo similar para ayudarle a orientar sus esfuerzos de marketing a organizaciones que están de acuerdo con su cliente objetivo perfilado.

Por otro lado, saber que es lo mejor que se puede hacer para su negocio y actualizarlo son dos parientes lejanos (Burton, 2017). Debe aplicar la teoría derivada de cómo se puede utilizar ABM para llegar a los clientes adecuados. Necesitas un plan de contingencia que todos los involucrados puedan seguir.

Antes de unirse a una plataforma ABM como lo hice con ClickFunnels, es crucial que usted establece algunos objetivos a alcanzar en el curso de llevar su emprendimiento al siguiente nivel.

Establezca metas realistas que pueda lograr

Una cosa que me he dado cuenta al practicar ABM es que necesita objetivos claramente definidos. De lo contrario, se enfrentará a problemas en el negocio que necesitan ajustes rápidos, y si no es lo suficientemente rápido, la marca puede estancarse. Como vendedor, sus objetivos deben allanar el camino hacia el crecimiento incremental a medida que su objetivo es ir más allá del valor establecido para los nuevos clientes potenciales de negocio.

Considere el número de clientes que se espera que sus esfuerzos de marketing traigan y sirvan en un períodoespecífico. ¿Cuántos clientes potenciales necesita su equipo de ventas para que descubran nuevas oportunidades? ¿Cuál es la cantidad de nuevos negocios que se espera que dirijan los vendedores?

Es posible que tenga los datos relevantes para crear un modelo de cascada que revele la canalización ideal impulsada por el mercado. Algunos programas siguen un modelo de este tipo y ofrecen consejos útiles sobre cómo hacerlo. Si no tiene suficiente información para hacer el plan, consulte a sus competidores y otros estándares de la industria para determinar sus clientes potenciales.

Después de eso, puede volver a sus datos y ajustar en consecuencia con el tiempo.

Asignación y alineación de roles

Cuando nos fijamos en el marketing de ABM, los departamentos de ventas y marketing deben trabajar juntos para mejorar el programa. Al hacer su plan en el paso anterior, asegúrese de definir las funciones de cada participante en el arreglo. Según las estadísticas, las empresas son más de un 60% mejores en lograr más acuerdos comerciales cuando el personal de ventas y marketing trabaja en conjunto.

Defina sus objetivos

Al empezar, es posible que tienda a pensar que declarar sus cuentas de destino es lo primero que puede hacer y es lo que liberará su lucha empresarial. La identificación de la cuenta objetivo es lo que necesita, pero es sólo una pequeña parte en toda su estrategia.

ClickFunnels puede ayudarle a crear una lista de cuentas basada en la información que se va a alimentar de su extremo. A medida que avanza según la definición de su objetivo, estas son algunas de las cosas a considerar a pesar de la plataforma que está utilizando:

- El personaje que buscas en las mejores empresas. ¿Qué empresas se adaptan a la descripción de tu personaje?

- ¿Hay oportunidades potenciales esperando la explotación en el oleoducto de ventas?

- ¿Qué corporaciones u organizaciones están visitando su sitio o usando su contenido y están listas para involucrarlo como parte de una solución?

- ¿Tiene alguna conexión con las empresas a través de defensores conocidos o socios?

Desarrollar su persona

Mientras opere en una estrategia guiada por ABM, usted debe saber una cosa: las empresas no compran, la gente lo hace. Conocer sus empresas objetivo está muy bien, pero las personas son las que compran sus productos y servicios, por lo que se convierten en la fuente de ingresos. Si aún no tienes la persona del comprador, lo cubriremos en detalle en el capítulo 6.

Mapeo de todo

Una vez que obtenga las listas de cuentas de destino y las personas en esas cuentas, se da cuenta de las personas específicas que desea conectar dentro de cada empresa. ¿Tiene un programa CRM (Customer Relationship Management)? Podría ser un solo programa o un módulo integrado en su plataforma ABM. Obtén los datos de tus cuentas de destino y aliméntalos ahí. Cuando vengan nuevos clientes potenciales, empáquelos con las cuentas establecidas en el CRM. Puede tomar algún tiempo, pero los frutos son más dulces.

Crear contenido procesable

El contenido que usted entrega a través de sus esfuerzos de marketing es el aspecto más vital del marketing B2B hoy en día. Lo triste hoy en día es que el protocolo de automatización de marketing da una forma de comunicación de uno a varios. La mayoría de la gente por ahí filtrará fácilmente cualquier cosa que proviene del resultado de la máquina. Tener contenido más personalizado para sus clientes como lo que ClickFunnel ayuda a los vendedores le dará una mejor oportunidad de aumentar su creación de conciencia.

¿Cómo vas a atraer a tu público?

ClickFunnels siempre muestra ideas sobre cómo involucrar activamente a tu audiencia. El mensaje aquí es que una vez que obtenga sesión de cuenta, estrategia en el contenido y la persona establecida, ahora necesita técnicas de marketing que permitan la participación activa de la audiencia. Aunque la mayoría de nosotros nos centraremos en el marketing entrante, que es crucial, no todos los prospectos a los que se dirige responderán a su llamada. Para alcanzar los objetivos establecidos, es necesario tener en cuenta el enfoque de marketing saliente que puede incluir estrategias de segmentación de anuncios y capacidades de contenido de marketing de terceros, entre otros. Recuerde hacerlo solo en las cuentas de destino.

Realizar análisis de datos vitales

ABM es conocido por traer resultados tremendos. Las empresas que ya se han comprometido ven que es algo que puede generar más del 200% de ingresos una vez que te concentras en los esfuerzos de marketing específicos. Sin embargo, para lograr esto, no puede ver ABM como algo que establecerá y olvidarse de él.

Tomará algún tiempo para que usted tenga los datos de ingresos necesarios para dirigir su éxito. Durante los primeros 4-6 meses, puedes comenzar evaluando el compromiso en tus personas. ¿Tienes las personas adecuadas dentro de tus objetivos para usar tu contenido? A medida que avanza, comience ahora a ver su estado de ingresos y si se refleja en sus esfuerzos de marketing a través del programa ABM.

ClickFunnels puede ayudarle con los mecanismos de recopilación de datos que le ayudarán a realizar un análisis detallado de lo que está sucediendo.

Como llegamos a la conclusión, los anteriores son objetivos que propagarán su viaje para convertirse en una persona de negocios en línea exitosa a medida que construye su embudo de ventas.

Capítulo 3: ¿Qué es un embudo de ventas y por qué lo necesita?

Menciono embudos de ventas regularmente en mi una en una reuniones, y también es posible que se haya encontrado con estas palabras mientras revisa mi contenido escrito. Por lo tanto, ahora quiero desenredar enfáticamente lo que los embudos de ventas son para aquellos que nunca han oído hablar de ellos para comprender rápidamente. En el mundo de hoy, cuando paso por sitios web, lo que noto es que lo que la mayoría de los empresarios emergentes carecen en estos sitios web de negocios son embudos de ventas sensatos. No estoy castigando o denunciando el sitiode negocios denadie; es sólo que la falta de un embudo de ventas sustancial,influyente, y de gran alcance que, en este caso, es su sitio web puede desacreditar su legado en línea y bajar su ventas de productos. Esto puede hacer que sus esfuerzos y recursos en la construcción del sitio se desperdicien. Los embudos de ventas están aquí para salvar su legado en línea. Por lo tanto, a continuación se muestra una parte introductoria de lo que son. Al final, tiene una definición clara de lo que son los embudos de ventas.

Comprender las etapas del embudo de ventas

En ClickFunnels, hay embudos de ventas que están destinados a rescatar su legado en línea en cinco etapas significativas principales, desde la primera vez que tiene un cliente potencial que visita su sitio web hasta el momento en que compra su producto. En su negocio, se le permite desarrollar tantas etapas como desee, pero las siguientes son las esenciales;

- *Conciencia: Esta es la etapa en la que* un cliente potencial visita tu sitio web a través de un anuncio, Google o cualquier otra plataforma de redes sociales como Facebook, Instagram o Twitter y descubre el producto que estás vendiendo. Se dan cuenta de que su producto puede resolver un problema que pueden estar teniendo o experimentando.
- *Interés:* La segunda etapa es cuando un cliente potencial comienza a ver cómo lograr un objetivo en particular. Puede investigar respuestas en Google, y este es el momento en que le interesa con información fascinante y pegadiza sobre lo que le gustaría ofrecer. Esto es cuando él o ella puede mostrar interés en su producto y se registra.

- *Decisión:* Esta es la etapa en la que el cliente busca autenticidad en su producto como buscar cómo lo marca o cómo empaquetarlo de forma única para hacer una compra. Es posible que ahora quiera explotar tu solución. En este paso, una oferta se hace mediante el uso de una página de venta, una llamada, un seminario web, un mensaje o algo más.

- *Acción:* En este paso, el cliente está tomando una decisión final, firmando su contrato y comprando su producto. El pago se refleja inmediatamente en su cuenta. En particular, en esta etapa, puede notar más costos en sus embudos de ventas. No todas las comunicaciones con un cliente potencial conducen a una compra exitosa. Pero con ClickFunnels, usted está seguro de altas ventas.

- *Retención:* la última etapa es cuando el cliente se ha unido a su organización. Clientes leales, contentos y satisfechos ahora promocionan sus productos mediante el uso del boca a boca que es el mejor modo de publicidad para aumentar sus ventas en línea. Esto le ayuda a adquirir más clientes con el tiempo. Ahora puede asegurar negocios repetitivos con este cliente tratándolo calurosamente con cosas como más información sobre lo que ha agregado o algo que le gustaría que supieran. Puede ofrecerles lo siguiente:

- o Ofertas únicas
- o Seguimiento
- o Manuales del producto
- o Asistencia de alta tecnología
- o Correos electrónicos

Los pasos anteriores muestran cómo el embudo de ventas para cualquier empresar es conveniente de usar en el sitio web de la empresa, ya que inician una relación muy duradera entre usted y sus clientes.

Por qué necesita un embudo de ventas para su negocio

Los consumidores son sofisticados

En el mundo actual, los clientes hacen un montón de análisis en profundidad antes de comprar un producto. Esto es diferente a hace mucho tiempo. Ahora la gente tiene internet para investigar cualquier cosa. Quieren y tienen ganas de saber qué diferencia tiene su producto y por qué vale la pena su dinero porque nadie quiere desperdiciar sus fondos. Prefieren comprar un producto de una empresa en la que tienen confianza, sobre todo una empresa de la que han oído hablar de un amigo o previamente comprado (Velji, 2018). Como redactor, me pagan mucho dinero por trabajar en estas páginas, y por experiencia, puedo decirles libremente que la venta en frío del tráfico de anuncios sólo le da resultados insignificantes. Los números en ventas seguirán disminuyendo ya que no es eficiente. Un embudo de ventas le equipa con la capacidad de conseguir clientes. ClickFunnels le permite comprender los clientes cultivados de hoy en día y también le ayuda a aprender a mantenerlos.

El ciclo de compra lleva tiempo

Un cliente puede comprar su producto una semana o incluso meses después de cruzar su sitio web de negocio. No puede estar seguro de ello, ya que se basa en el producto que está vendiendo y la importancia que tiene para un cliente. El canal de adquisición de tráfico solo interesa a los clientes de alto potencial, pero esto todavía no le asegura ninguna compra. El uso de embudos de ventas primero los hace inscribirse, y obtiene su concentración en una etapa inicial. Usted disfruta cómodamente de este privilegio cuando tiene las direcciones de correo electrónico de sus clientes. Una vez que haya hecho que los clientes potenciales se registren, puede darles fácilmente actualizaciones periódicas de los productos, proporcionarles el valor de los productos, y también emitir más información sobre los productos que está vendiendo. Puedes hacerlo hasta que tengas a los clientes comprando tus productos. Después de eso, naturalmente compran sus productos sin que usted utilice mucho esfuerzo para convencerlos. Tener un ciclo de compra instantáneo para su negocio en línea muestra por qué ClickFunnels son vitales.

Construyendo más confianza

A diferencia de lo que en el pasado, donde los clientes sólo compraban a empresas, hay confianza en el uso del embudo de ventas. Puede crear lealtad con sus clientes porque la oportunidad es de gran disposición. Esto es posible porque con ClickFunnels, por ejemplo, siempre puede enviar correos electrónicos automáticos a personas recién registradas informándoles sobre qué productos está ofreciendo y su valor también. Le da la oportunidad de anunciar sus productos y crear una conciencia para ellos en sus políticas y procedimientos. Esto es lo que he utilizado personalmente ventas funnels para, y cada vez que les doy un producto que vale la pena, rápidamente se convierten en leales. Esta es otra razón por la que debe incorporar ClickFunnels.

Los suscriptores de correo electrónico realizan la conversión

El pilar en el embudo de ventas digital es el correo electrónico. Los correos electrónicos son en sentido figurado más poderosos en la obtención de nuevos clientes que cualquier otra plataforma de medios sociales, generalmente debido a su poder de superondas en la industria de la publicidad. Yo, por ejemplo, previamente inicié una guía de carrera digital para una lista de correo electrónico de alrededor de 200 miembros registrados y hice aproximadamente 50 ventas. Esto es alrededor de una cuota de alteración del 20%, que es relativamente superior a cualquier canal publicitario. Esto demuestra que puede explotar cómodamente el poder de los correos electrónicos como un refuerzo en sus ventas. También confirma que los correos electrónicos son un pilar en ClickFunnels. Los correos electrónicos han demostrado dar una buena retroalimentación en cualquier negocio digital; por lo tanto, también pueden ayudarle en su negocio. Tener sus suscriptores de correo electrónico convertir esto altamente es una razón por la que debe incorporar ClickFunnels en su negocio hoy.

Los embudos de ventas pueden aumentar para siempre

La mayoría de las empresas analógicas utilizan el tipo de actividad de compra y hacer, donde los clientes sólo compran productos y hojas. Evidentemente, en tal situación, el vendedor no tiene tiempo para formar una relación fuerte con su cliente; por lo tanto, no se estableceningunalealtad. Esto conducirá naturalmente a la falta de ventas de negocios repetitivas. Cuando se trata de embudos de ventas, un cliente que compra el producto es solo el comienzo del viaje. En embudos de ventas, los clientes repetitivos compran muchas veces más que clientes de una sola parada, lo que aumenta sus ventas. Esto significa que sus ganancias en línea siempre serán más altas por estos clientes repetitivos. Verá, este tipo de ventas no se pueden producir en clientes únicos. Los embudos de ventas son lo que necesita, ya que venderá continuamente productos a sus clientes leales durante tanto tiempo. Esto explica por qué usted, como empresar próximo, debería invertir seriamente en ClickFunnels entre otras plataformas, si desea aumentar un valor de por vida para sus productos.

En conclusión

Los embudos de ventas son los pilares en la industria de la publicidad hoy en día porque por un parte:

o   Los embudos de ventas inician un valor seguro de clientes que le permite vendersus sus productos de forma repetitiva.

o   Le permiten iniciar una relación que será para siempre con sus clientes en una etapa muy inicial en el embudo de ventas.

o   Los embudos de ventas le ofrecen la posibilidad de enviar correos electrónicos a los clientes para anunciar sus productos o servicios.

o   Te ayudan a crear la base de fidelización de un cliente y atraerlos a comprar tus productos. Esto, entonces, concluye que una plataforma como ClickFunnels   es una de las mejores para usar para sus ventas en línea.

Capítulo 4: El propósito de un oleoducto fuerte

Una de las cosas más difíciles de hacer para un vendedor cuando quiere pasar de un vendedor a un creador de demanda es remodelar la relación que tiene con el oleoducto. A medida que un vendedor ambulante se mueve por la cadena, comprende que la calidad es más vital que la cantidad. A medida que avanza, eso puede debilitar la canalización. Las ventas son como jugar con números y los vendedores siempre han sentido que las tuberías tienen más oportunidades debido a esto.

Como vendedor, me he dado cuenta de que no hay realidad en la mayoría de los oleoductos.

Hay varios efectos adversos en la concentración en la cantidad. Incluyen:

- o Desarrollo de una mentalidad de urgencia que haga que los vendedores no tomen ninguna decisión sobre el control de sus políticas
- o Los informes de tuberías carecen de importancia, y las pequeñas empresas carecen de conocimientos vitales para

evaluar analíticamente su posición y realizar cambios cruciales en el formato requerido

o Falta de tiempo para que los vendedores inviertan en las oportunidades preferidas

o Desperdicio de tiempo debido a la concentración en oportunidades innecesarias

Los creadores de demanda creen firmemente que el desarrollo comienza con una sólida visión picturesque de larealidad (Davidoff, 2012). Centrarse en las oportunidades de calidad es vital, ya que ayuda a un vendedor en la carrera desde el punto en común.

Crear el cambio de una canalización que tiene tantos nombres a uno con nombres menores no es aconsejable, y es vital obtener el crecimiento sin esfuerzo que usted como vendedor siempre quiso a lo largo de los años.

Consejos sobre la construcción de tuberías sólidas

o *Conozca su valor*: Los clientes quieren lealtad y resultados. Asegúrese de mostrar a su cliente potencial que tiene cierta experiencia en su campo para evitar que tome una   decisión equivocada. También les hace confiar en la solución que les está dando.

o *Ofrezca información valiosa: Asegúrese de* que siempre se haga imperceptible para los clientes como vendedor. Ayudará a un cliente potencial a tomar la mejor decisión. Asegúrese de proporcionar a su cliente potencial información confiable. Hágales saber la importancia de su solución utilizándola primero.

o *Sus clientes potenciales son clientes futuros:* Haga que los clientes se den cuenta de por qué necesitan operar con usted. A pesar de que el comprador no puede comprar en cualquier momento pronto, que finalmente comprar de usted ya que anteriormente interactuó con ellos.

o *Divida a sus clientes para centrarse en las necesidades individuales:* establezca un objetivo que muestre a sus clientes que su solución resolverá su problema. Los clientes siempre quieren que todo esté hecho a medida. Pero tenga en cuenta que el envío excesivo de demasiados mensajes o correos electrónicos nunca garantiza a un vendedor ninguna respuesta. Se vuelve molesto para el cliente.

o *Cada cliente es crucial: Cada cliente potencial debe ser tratado* por igual ya que todos son críticos. Ignorar a un cliente potencial y elegirlos en lugar de otro hará, sin embargo, un vendedor pierde muchos clientes a sus competidores.

o *Ayudar a los clientes a tener éxito: Worth se desarrolla ayudando a los* clientes potenciales en el desafío empresarial. No sólo debe vender su solución, sino también ir más allá de lo que se espera de usted. Haga que todos sus clientes se sientan apreciados.

- *Conozca a las personas que le gustarían como clientes:* Rebuscar en quién desea ser sus clientes, pero no obligarlos a ser. En su lugar, déjelos para que se ajusten a su perfil de cliente y utilice su experiencia para que adquiera un crecimiento firme del negocio. Entonces, deje que el destino lidere sus esfuerzos.

- *Mostrar habilidades de liderazgo: Desarrollar puntos de vista de* liderazgo que fascinan a los clientes potenciales. Hágase saber a los clientes potenciales. Eso les hará comprar de usted cómodamente ya que estarán listos para confiar en su marca.

- *Identificar a sus clientes potenciales nunca se detiene: No deje que una venta se presente antes que* un cliente potencial. Siempre deje que su cliente venga antes que cualquier otra cosa para tener éxito como vendedor. El objetivo es desarrollar una relación estable con clientes potenciales, lo que les hará creer en la solución que tienes para ofrecerles.

- *Implementar formas de involucrar a sus clientes potenciales:* El cultivo le permite desarrollar una relación con clientes potenciales. A pesar de que un cliente habrá establecido su mente en lo que comprar, como vendedor, involucrar a su cliente en la asociación de ventas indirectas dándoles datos que pueden beneficiarlos.

Una tubería fuerte necesita marketing por correo electrónico

En primer lugar, los correos electrónicos son muy baratos de usar, y puede usarlos para comunicarse con las personas.

Todos hoy tiene que ir a través de sus correos electrónicos varias veces aldía. Por lo tanto, hay posibilidades de que tropiezo con sus correos electrónicos que se asegura de que reciban el mensaje que envía.

Puede personalizar sus correos electrónicos tanto como desee para que el cliente se sienta como si estuviera hablando directamente con él.

Convertirlo en un correo electrónico directo hace que sus clientes se sientan especiales ya que el correo electrónico está diseñado para ellos.

Email Marketing necesita una lista de correo electrónico

Si empiezas a enviar correos electrónicos imprudentemente, entonces no tendrás ningún buen resultado. Será una pérdida de tiempo.

Asegúrese de que antes de enviar por correo electrónico, tiene diseños únicos y una lista bien organizada. Esto se puede hacer asegurando algunas cosas, algunas de las cuales se enumeran a continuación:

- o Calidad. Cada vendedor desea tener personas que revisen sus correos electrónicos regularmente y usted también debe hacerlo.
- o Volumen. En este caso, que viene justo después de concentrarse en la cantidad.
- o Relevancia. Proporcione información que implique su diseño y empresa.

Veremos todo sobre las listas de correo electrónico más adelante en el libro.

Capítulo 5: Conozca a su público objetivo y califique a sus clientes potenciales

En el mundo económico actual, tener un público objetivo bien definido es todo lo que se requiere para tener un negocio exitoso. Esto requiere que usted como empresario tenga un embudo de ventas para su negocio. Funciona reduciendo el número de prospectos a aquellos que tienen el potencial de comprar de usted. Ese es el mercado que le preocupa.

Podría pensar que debe necesitar un sistema popular bien publicitado para crear un embudo de ventas para su negocio. Eso no es verdad. ClickFunnels es un software que podría ser de ayuda para usted. Es un constructor de embudo de ventas en línea que le ayudará a construir su embudo de ventas mucho más rápido. Con ClickFunnels, ya hay embudos de ventas preconstruidos, y todo lo que tiene que hacer es elegir el que coincida con su negocio.

Una vez que haya seleccionado el embudo de ventas adecuado, el siguiente paso es compilarlo. Se crea identificando primero el mercado objetivo. Implica a las partes que pueden estar interesadas en su producto o servicios. El objetivo aquí es conducir a las partes interesadas en el extremo ancho de su embudo. Más tarde, usted será capaz de calificar a los prospectos y especializarse en el más importante. Este es el objetivo final de un embudo de ventas.

Entonces, ¿cómo eliges tu público objetivo? Estos son algunos consejos que pueden ser de ayuda para usted.

Identificación y análisis de su mercado objetivo

Encontrar acerca de su público objetivo significa hacer la investigación necesaria en su nicho. Estas son algunas preguntas que le ayudarán con eso:

- o ¿Cómo puede describir su negocio o lo que está ofreciendo?
- o ¿Cómo se beneficiará su cliente de su negocio u ofertas?
- o ¿Cómo compra na. sus posibles clientes potenciales?

Después de identificar ahora el nicho de mercado, ahora puede seguir adelante y hacer algún análisis de mercado objetivo. El análisis de mercado objetivo ayudará a atraer perspectivas. Aquí hay algunos consejos que podrían ayudar en la revisión:

Recopilar Intel

Antes de establecerse para un público en particular, usted tiene que reunir alguna información sobre la audiencia. ¿Cómo va a afectar el mercado objetivo a su negocio? ¿Vale la pena?

Estas son algunas preguntas que tendrá que hacerse.

- ¿Qué tan grande es su base de clientes potenciales en relación con lo que está ofreciendo?
- ¿Qué necesitas cambiar en tu propuesta para que el público te escuche?
- ¿Cómo puede ofrecer sus productos o servicios de una manera que maximice el potencial de ganancias?
- ¿Cómo puede optimizar sus esfuerzos de marketing para persuadir a los compradores prometedores?

Crear perfiles de clientes y segmentos de mercado

Una vez que haya determinado el impacto de su público objetivo en su negocio, ahora es el momento de conocer a su audiencia.

En la mayoría de los casos, los clientes que quieren su producto, por lo general comparten un rasgo similar. Al elaborar el perfil de un cliente, puede descubrir este comportamiento o característica única (Ferenzi, 2019).

Para crear el perfil, puede comenzar con el aspecto demográfico de sus clientes. Esto podría implicar su ubicación, edad, género, nivel de ingresos, y también tal vez el nivel educativo. Después de que esto se ha determinado,ahora se puede profundizar en el aspecto psicológico. Le ayudará a pintar una imagen más clara de quién es su cliente. El elemento mental puede incluir intereses,pasatiempos, actitudes, y también sus comportamientos.

También puedes incluir algunos atributos más que crees que pueden profundizar en conocer más a tu audiencia. Sé creativo. Recuerda que cuanto mejor conozcas a tu cliente, mejor podrás venderles.

Una vez hechotodoesto, puede estar seguro de un alto punto de partida en la incautación de un mercado objetivo.

Sea específico

La mayoría de las empresas suelen dirigirse a públicos como los jóvenes, la clase trabajadora o las madres que se quedan en casa. Por lo general, estas no son decisiones equivocadas. Sin embargo, debe especificar estas opciones, ya que parecen ser tan generales. Así que, en lugar de decir que los jóvenes son su mercado objetivo, hablen de los millennials. Eso es más específico.

Como nuevo emprendedor, es posible que tengas miedo de ser demasiado específico. Crees que podrías limitar tu alcance en el proceso. En realidad, lo que estás haciendo es establecerte para el éxito a largo plazo. Esto se debe a que ahora tomará decisiones informadas que son dictadas por sus clientes leales.

Por lo tanto, anhela profundizar en aspectos más específicos sobre sus clientes para que pueda diferenciarse de la competencia.

Siguiendo estas tres reglas, ahora habrá identificado a sus clientes potenciales. A continuación, se centrará en ellos y los atraerá al extremo ancho del embudo de ventas. Una vez hechoesto, todo lo que quedará es identificar a los clientes más comprometidos. Esto ahora se convertirá en sus objetivos principales para sus productos.

Entonces, ¿cómo se separan a los clientes comprometidos del lote? Estos dos pasos podrían ayudar con eso:

1. *Lleve a cabo su investigación primaria*

La investigación primaria puede ser un largo camino para que entiendas a tu audiencia. Recopilará datos directamente de sus clientes. Con estos datos, usted puede ser capaz de saber qué clientes están realmente en su producto o servicios y trabajar en la participación de ellos.

Una desventaja de la investigación primaria es que es caro. Sin embargo, usted cosechará mucho de ella.

2. Mira tu negocio con una luz fresca

En esta etapa, ya sabes a quién le estásvendiendo. Sin embargo, debido al cambio en el mercado, su clientela podría cambiar. Por lo tanto, siempre debe mantener actualizados los datos de su público objetivo. Esto es mediante la realización de investigaciones primarias con regularidad. Le ayudará a refinar su estrategia de producto y voz de marca.

También ganarás en estar un paso por delante de tus competidores.

Conclusión

En conclusión, al crear un embudo de ventas, tienes que trabajar de forma inteligente. Ucantar una plataforma como ClickFunnels le ayudará a construir su embudo de ventas mucho más rápido.

El funcionamiento de un embudo de ventas es igual que el funcionamiento de un embudo. Usted tiene que atraer a un gran número de clientes y conducirlos hasta el extremo ancho del embudo. Más tarde, puede calificar a sus clientes y elegir los más comprometidos. Esto aumentará la eficacia de su estrategia publicitaria.

¿Qué estás esperando!

Capítulo 6: Construyendo a sus Compradores Persona

Como emprendedor, primero debes saber quién es tu comprador antes de profundizar en la publicidad de pago. Conocer primero a sus clientes comprometidos aumentará su eficacia publicitaria.

Es por esta razón que ClickFunnels proporciona una plantilla mediante la que puede comprender sus grupos de clientes principales. Esto,por lo tanto, te pide que como emprendedor crees personas compradoras.

Definición de la Persona del Comprador

Tener la persona de un comprador significa tener una representación en la imagen de sus posibles clientes potenciales basada en lo que ha descubierto sobre ellos, es decir, el uso de la investigación del mercado amplio y los datos de sus clientes actuales.

Para que pueda crear su persona compradora, debe mirar algunos punteros críticos de sus clientes. Estos punteros incluyen datos demográficos de los clientes, patrones de comportamiento, motivaciones y objetivos. Sin embargo, no debe evitar agregar algunos otros punteros a esta lista. Cuanto más detallado seas, mejor.

Al crear una persona compradora, debe ser muy específico. Las personas compradoras proporcionan una visión y una estructura tremendas para su empresa. Ellos van a determinar dónde enfocará su tiempo y también guiará su desarrollo de productos.

¿Por qué son importantes las Personas compradoras?

En el mundo de hoy, el espacio en línea está cada vez más lleno. La mejora de la tecnología causa principalmente esto. Por lo tanto, es fácil para cualquier persona crear campañas dirigidas a los clientes. Es por esta razón que usted como empresario debe anhelar tener algunos anuncios ultra-dirigidos para su negocio. Esto te ayudará a diferenciarte de la multitud.

En el pasado, los anuncios y las comunicaciones ultradirigidos solo eran utilizados por grandes empresas. Fue costoso. Sin embargo, los tiempos han cambiado inmensamente. Hoy en día, incluso usted como un pequeño minorista en línea puede tener acceso a un público en particular apuntando con sólo un pequeño presupuesto (Lazazzera, n.d.).

Una plataforma como ClickFunnels le proporciona un fácil acceso a su público específico a una tarifa mínima que abarca más funciones. Con esta plataforma, puede avanzar su segmentación en función de aspectos como la ubicación, la edad, el idioma hablado,el nivel educativoy también los intereses. Por lo tanto, esto ayudará en gran medida a reducir la carga asociada con la búsqueda del mercado objetivo adecuado.

Personas evolucionarán y cambiarán

Con el entorno económico cambiante, se considera que las personas cambian. A medida que aprendas más sobre tus clientes comprometidos, tendrás diferentes ideas sobre tus personas compradoras. Ahora podrá determinar qué motiva a sus clientes reales. Por lo tanto, esto le pedirá que des un paso atrás y redefinas tu personaje de nuevo para que puedas dirigirte a tus clientes potenciales de manera efectiva.

Cómo crear personas compradoras

Las personas compradoras suelen ser como una versión refinada de tus clientes objetivo. Por lo tanto, para que usted pueda crear una persona compradora, usted tiene que hacer algunas investigaciones en su mercado objetivo. Esta investigación le ayudará a conocer las necesidades e intereses de su mercado. Esta investigación se puede hacer realizando encuestas o incluso entrevistando a su público objetivo.

Con una plataforma como ClickFunnels, conocer a tus compradores puede ser fácil. ¿Por qué es esto?

○ ClickFunnels proporciona una plataforma donde puede llegar a una amplia base de datos de clientes. Por lo tanto, puede obtener información sobre cómo los consumidores consumen su contenido.

○ ClickFunnels ya tiene plantillas precompiladas para su embudo de ventas donde los consumidores pueden rellenar su información personal en esos campos de formulario. Esto le facilitará agrupar a las personas de acuerdo con los prospectos informativos.

○ ClickFunnels proporciona plantillas precompiladas que puede usar para conversar con sus clientes. Aquí, puede entrevistarlos y conocer lo que les gusta de su producto.

El último punto es el más vital y lo discutiré en detalle a continuación.

Encontrar entrevistados para ayudarle a investigar a su comprador Persona

Tener personas con las que hablar mientras investigas tu persona compradora es uno de los pasos más vitales. Esto significa que tendrás que realizar algunas entrevistas para conocer qué motiva a tu audiencia.

La pregunta que queda ahora es ¿a quién entrevistas exactamente? ¿Cómo encuentras a tus entrevistados? Hay algunas fuentes que debe aprovechar en. Incluyen:

Clientes

Su cliente es el lugar perfecto para que usted comience a entrevistar. They ya han comprado su producto o comprometido con su empresa de una manera u otra.

Lo que hay que tener en cuenta aquí es que al elegir a los clientes para entrevistar, no se centran más en los clientes "buenos". Estos son los clientes que te van a elogiar todo el día. Por muy bueno que se sienta, no es saludable para su negocio. Usted debe tratar de involucrar a los clientes 'malos' también. Estos son los clientes que van a criticar su negocio y productos. Al hacer esto, usted tendrá una mayor visión de la persona que desea.

Una ventaja de entrevistar a los clientes es que no tendrá que darles un incentivo, a los clientes les gusta ser escuchados. Por lo tanto, cuando se abre a su mundo y los desafíos que enfrentan, usted les hará un excelente servicio. Entrevistar a los clientes también los hará sentir involucrados en el negocio. Esto hará que sean muy leales a su empresa.

Será una situación en la quetodos ganen.

Perspectivas

Para equilibrar su entrevista, también debe entrevistar a personas que aún no han comprado su producto. Estas personas son tus prospectos.

Referencias

Ahora, en un caso en el que se está aventurando en un nuevo mercado, no tiene clientes. Es posible que tampoco tengas perspectivas. En tales casos, necesitas algunas referencias para hablar con personas que puedan encajar en tus personas objetivo. Es posible que te pongas en contacto con tu círculo de amigos o incluso con contactos en las redes sociales para ayudarte a encontrar a personas a las que te gustaría que te presentaran y entrevistes.

Este proceso, sin embargo, puede tomar más tiempo y puede ser difícil conseguir un gran volumen de personas. Sin embargo, usted puede cosechar algunas entrevistas de muy alta calidad fuera de ella.

Consejos para reclutar entrevistados

Para encontrar posibles entrevistados, primero debe tener un grupo de personas que están dispuestas a ser entrevistadas. Estas son las maneras en que puede atraer a muchos entrevistados dispuestos:

Usar incentivos

Las personas que no tienen ninguna relación con su negocio pueden ser difíciles de atraerlos a las entrevistas. Mediante el uso de un incentivo, ahora tendrán una razón para participar. Usted puede proporcionar un incentivo como una tarjeta de regalo para cada entrevistado.

Esto, sin embargo, no se aplica en todas partes. Algunos clientes están dispuestos a participar sin un incentivo.

Tener claro que esto no es una llamada de ventas

Esto suele ser importante para los no clientes. Debes asegurarles que sólo estás investigando   y que estás detrás de los desafíos que enfrentan en sus vidas.

Haga fácil decir Sí

Haga que el cliente se sienta como si fuera de valor en la entrevista. Les hará sentir la necesidad de participar en la conversación. Esto es, tal vez, permitiéndoles establecer la hora en la que están dispuestos a ser entrevistados.

Veinte preguntas para hacer en entrevistas a persona

Una vez que haya identificado a sus entrevistados, ¡ahora es el momento de hacer algunas preguntas!

Esto es obviamente después de los saludos y la pequeña charla habitual.

Para crear el perfil de una personacompleta, hay diferentes categorías de preguntas que debe hacer. Estos son algunos de los grupos y los temas que debe preguntar en cada grupo.

Papel

1. ¿Qué tareas realiza en su trabajo? ¿Quién estás en tu trabajo?

2. ¿Cómo se mide su papel en el trabajo?

3. ¿Cómo puede describir su horario diario?

4. ¿Qué habilidades necesitas para perfeccionar tu trabajo?

5. ¿Utilizas herramientas o conocimientos en tu trabajo?

6. ¿Responde a alguien? ¿Quién es responsable de responderte?

Organización

7. ¿Qué industria coincide con su rol de negocio?

8. ¿Qué tan grande o pequeño es su empresa o negocio?

Metas

9. ¿Sabes lo que se supone que debeshacer?

10. ¿Qué efectos aporta el éxito a tu papel?

Problemas

11. ¿Qué problemas te resulta difícil de abordar?

Recopilación de información útil

12. ¿Cómo llega a usted nueva información sobre su trabajo?

13. ¿Lees algún blog o contenido publicado?

14. ¿Participa en algún grupo o reunión en las redessociales?

Antecedentes personales

15. Describa sus datos demográficos.

16. Describa sus antecedentes educativos.

17. Describa su trayectoria profesional.

Enfoque de compras

18. ¿Cuál es tu forma de interactuar con los vendedores?

19. ¿Investiga sobre los vendedores o productos en Internet?

20. Describa cómo compró su último producto o servicio.

Identificar el número de personas a entrevistar

Es desafortunado que no haya un número específico para las entrevistas que puedas tener. Todo depende de cuánto hayas conocido a tu personaje. Sin embargo, de tres a cinco reuniones para cada categoría de entrevistados pueden ser un buen punto de partida.

También puede aplicar la regla general. ¿Está prediciendo con precisión lo que es probable que diga el entrevistado? Entonces es hora de parar. ¿Por qué? Demuestra que ya has captado los patrones de tus entrevistados.

Cómo usar su investigación para crear su persona

En este punto, ha completado las entrevistas y tiene algunos datos sin procesar de sus clientes potenciales y actuales. Entonces, ¿qué haces con esta información? ¿Cómo destilas todos esos datos para que sean fácilmente digeribles para tu equipo?

El siguiente paso, por lo tanto, es tomar todos esos datos e identificar patrones y similitudes de las respuestas que obtuvo de las entrevistas. Con estos patrones,puede crear al menos una persona principal y compartirla con el resto de la empresa.

Rellene la información   demográfica necesaria de su persona

En esta etapa, llene toda la información demográfica sobre su persona. Si no te sentías cómodo preguntando sobre esto en la entrevista, podrías llevar a cabo una encuesta en línea. Laspersonas se sienten más cómodas revelando cosas como esta a través de un estudio en lugar de comunicación verbal.

Hable con su equipo sobre lo que motiva a su persona

En esta etapa, destila toda la información que obtuvo después de hacer las preguntas de "Por qué".

Prepare a su equipo para conocer a la persona

Ahora hace que su equipo de ventas converse con quién es el personaje y lo que necesitan. También puede ir un paso más allá y crear algunos desafíos que su organización pueda enfrentar e intentar resolverlos. Esto les hará sentirse preparados para abordar los problemas durante las conversaciones con los consumidores.

Ayuda a crear mensajes para tu persona

Dile a la gente cómo hablar sobre tu producto. Esto garantizará que todos en la empresa hablen el mismo idioma cuando tengan conversaciones con los consumidores.

Conclusión

Por último, asegúrate de dar el nombre de tu persona. También puede incluir una imagen de la vida real a su personaje. Esto hará que su equipo realmente imaginar cómo se ve el personaje.

Con esto hecho, ahora conoce el tipo de persona que está atrayendo utilizando su embudo de ventas.

Capítulo 7: El imán de plomo

Si usted es el propietario de un sitio web que espera más conversiones de clientes, a veces, el siguiente escenario ocurre a medida que avanza el tiempo:

Trabajas muy duro despertando temprano para escribir contenido para tu blog o tal vez gastar dinero para hacerlo. A medida que escribe, hay títulos relevantes que debe abordar y tiene todos ellos alineados. Encontrará las palabras clave relevantes para que coincidan con los títulos y lo que los clientes están buscando antes de componer todo en artículos significativos. Después de aproximadamente un mes o dos, el tráfico crece a un número considerable, digamos, 10.000 seguidores.

Para cuando llegues a tal número, estás sufriendo de agotamiento, y el número de seguidores es sólo seguidores. Su banco no refleja sus esfuerzos. Después de unos seis meses, el número de seguidores sigue siendo el mismo o ligeramente menor.

Si ese es el caso para ti, entonces está claro que tú, yo y todos los demás que pasan por lo mismo que falta algo.

Después de años de búsqueda, finalmente encontré algo valioso que puede resolver el problema de más clientes y también aumentar la tasa de conversión.

Necesito una página de destino que pueda recopilar información del cliente para poder centrarme en las personas más tarde. ¿Cómo lo hago? Mediante el uso de un imán de plomo.

Definición del imán de plomo

Algunas personas lo llamarán el contenido privado. Es simplemente esa ventana emergente o espacio en su página de destino que ofrece algo que un cliente puede utilizar - una demostración gratuita, descarga de PDF, algo para probar, etc.

La razón por la que los vendedores utilizan esta táctica es para que a medida que los clientes buscan la información, usted está recibiendo algo a cambio, sobre todo, su dirección de correo electrónico. Tener un imán de plomo en el sitio web es una herramienta de marketing masiva que las marcas han estado utilizando para generar clientes potenciales de negocio.

Hay numerosos ejemplos que puede utilizar a través de su embudo de marketing, pero lo más importante aquí es utilizar contenido que coincida con el viaje del comprador para adquirir su producto (Mialki, 2018).

Lo que quiero decir aquí es que no puede, por ejemplo, ofrecer un producto a un cliente que no sabe lo que está haciendo.

De todos modos, el resultado final de un imán de plomo es generar una lista de correo electrónico, obtener algunos clientes leales, generar clientes potenciales significativos, y luego convertir los clientes potenciales en opciones de compra para los clientes.

Propósito del imán de plomo

Un imán de plomo puede hacer dos cosas por ti. La primera es recopilar información de clientes potenciales: los clientes potenciales. La gente siempre está preocupada por emitir sus contactos, pero si recuperan algo, lo harán. La mayoría de los clientes que no obtienen lo que están buscando nunca regresan. Dado que no desea ser uno de los desafortunados vendedores en línea, un imán de plomo puede ayudarles a los clientes que se saltan sus ofertas.

La segunda cosa que un imán de plomo puede hacer es conocer a su cliente. Esto sucede si un embudo de ventas bien construido como en ClickFunnels. Un alto porcentaje de clientes nunca pueden comprar de ti eres la primera vez que aterrizan en tu sitio. Un imán de plomo debe estar allí para llevar a tener en cuenta. De esta manera, estarás calentando las cosas a medida que se preparen para comprar.

Con eso, ¿qué puede usar su audiencia como imán principal?

¿Crear un imán de plomo?

Probablemente ha visitado un sitio web que le pidió que se sienta en cierta información para una descarga gratuita de la guía en un problema que acaba de leer contenido sobre en el mismo sitio web. Esa ventana emergente o espacio pequeño con pestañas de entrada en la página es de lo que estamos hablando. Por lo tanto, esto no se trata de escribir un contenido largo para capturar los contactos de los usuarios.

Considéralo como algo así como 'Consejos para hacer los mejores imanes de plomo para tu negocio en línea' con un botón de descarga debajo donde se supone que el usuario debe rellenar su dirección de correo electrónico.

Para que usted pueda generar más plomos, su imán de plomo debe ser:

- o Fácil de entender
- o Ofreciendo algo valioso que es probable que los prospectos sean para cuando se lo pida.

Con eso, aquí está la lista de verificación a seguir a medida que considera la creación de su imán de plomo.

¿Quién es su cliente objetivo?

Antes de hacer nada, primero identifique a los clientes que desea atraer. Su imán requiere relevancia absoluta para las necesidades específicas de sus clientes objetivo. Si no abordas sus deseos, no confiarán en lo que ofreces, y eso los excluirá de considerarlos y comprarlos.

¿Cuál es su propuesta de valor?

¿Has conseguido tus objetivos? Ahora, es hora de darles la razón por la que deberían tomar su oferta. Eso significa el valor de suscribirse a sus correos electrónicos o lo que sea que esté vendiendo. A veces, eso podría llevar a los vendedores a obtener un producto que creen que será útil para los clientes, pero ese no es realmente el camino a seguir. Piense o busque un problema al que se enfrenten sus clientes potenciales y utilícelo para llegar proporcionando una solución. Eso es lo que te llevará a un punto de venta.

Elegir un formato

Puede diseñar y ofrecer un imán de plomo a su antojo, pero recuerde que hay un embudo de marketing a seguir y el cliente tiene un viaje que hacer. En las diferentes etapas, esto es lo que puede considerar:

La etapa de concienciación

En esta coyuntura, las perspectivas están buscando soluciones a los problemas, pero no saben qué elegir o dejar. Utilízalo como una forma de educarlos sobre tu marca y crear conciencia general. La realización de conversiones aquí debe tener en cuenta un formulario donde los compradores potenciales pueden llenar cierta información sobre sí mismos. No incluya demasiadas entradas para el llenado. Un nombre y una dirección de correo electrónico son suficientes.

Algunas de las cosas que puede incluir en el imán de plomo incluyen:

- Informes
- Suscripción a blogs
- Consejos
- Ebooks

Etapa de consideración

Después de que sus clientes potenciales encuentren una solución de usted, comienzan a compararlo con marcas similares que ofrecen la misma. En ese momento, el imán principal puede intentar adquirir más información de los clientes que la que requería en la etapa de concienciación. Algunas de las cosas que pueden conducir a más información de contacto incluyen:

- Documentos técnicos

- Videos

- Casos prácticos

- Podcasts

- Webinars

- Muestras gratuitas

La etapa de decisión

Llegar a este punto es lo que los vendedores siempre están buscando. Significa que aquellos que se han unido a usted te han conocido, en comparación con usted con otros solucionadores de problemas y ahora quieren comprar lo que está ofreciendo. El imán principal en este punto debe mostrar algo que hará que los clientes potenciales soliciten más información de usted.

Lo que puede ofrecer incluye:

- Descuentos

- Pruebas gratuitas

- Consultas

- Demos

Creación de contenido para el imán principal

Una vez que hayas sabido qué ofrecer, es hora de escribir lo que vas a ofrecerles. A medida que escribe, aquí hay algunos de los consejos para usar como guía a medida que crea algo significativo para los lectores.

o **Especificar:** Céntrese en dar una solución a un problema. Escriba algo preciso que responda a las preguntas a medida que resuelve lo que los prospectos están buscando. Eso hace que sea fácil para las personas leer y entender lo que está ofreciendo.

o **Sé único:** Ofrecer algo que no se puede ignorar significa escribir contenido original. Si los usuarios pueden encontrarlo con sólo buscar en Google o Bing, entonces no vale la pena dar eso en su imán de plomo.

o **Eficiencia:** Si ya ha trabajado en algunos correos electrónicos o publicaciones, puede ajustarlos para que se ajusten al contexto de su cliente potencial si desea ser rápido en la entrega de una solución. El punto aquí es asegurarse de que su contenido coincida con lo que está ofreciendo en cada etapa.

- o ***Establecer autoridad: Para que*** los prospectos confíen en lo que les está ofreciendo, usted debe ser confiable. Eso significa demostrar su experiencia en el campo con certeza. Los prospectos necesitan ver que realmente se puede hacer. Mientras escribes, evita frases como "Creo" ya que demuestran que no estás seguro.

Promover su imán de plomo

En este punto, la mayor parte del trabajo está hecho. Ahora se trata de que sus clientes encuentren su objetivo. La siguiente pregunta es, ¿cómo expones el objetivo a tus prospectos? Estos son algunos de los consejos de promoción.

En su sitio web

Puede ver sus páginas web para saber qué página servirá como la opción más inteligente. Considere lo siguiente:

- ***Página de inicio:*** Póntelo como una ventana emergente, en la barra lateral o en el pie de página.

- *Página de índice de blog:* puedes poner las publicaciones que se relacionen con lo que estás ofreciendo.

- *Página de recursos:* también puede usarla donde tenga todos sus recursos centralizados. La página dedicada llevará todas sus notas del producto o suscripciones, por ejemplo, y tener un imán de plomo puede ser útil.

- *Página de agradecimiento:* En la página donde está agradeciendo a la gente, puede ofrecerles algo más usando un imán de plomo.

- *Página de error: Cuando los* visitantes ven el mensaje 404, puede utilizar un imán de plomo para redirigirlos a sus ofertas.

En las redes sociales

Tenga en cuenta las siguientes características:

o Actualizar su estado con una imagen vinculada a su sitio web. Apunta a la página de destino.

o Participe en grupos de redes sociales entrando en temas de discusión e incluya los enlaces relevantes allí.

o Cree anuncios para las plataformas de redes sociales disponibles. Anuncios para Facebook, Instagram, Twitter y el resto.

Centros de contenido

Hay varias plataformas que ofrecen lugares publicitarios ya que la gente ya va allí a buscar información. Con eso, puede comprobar lo siguiente:

- Un foro que te permite hacer, publicar o responder una pregunta como Medium Daily.

- Sitios web de Preguntas y respuestas donde las personas hacen y responden preguntas como Yahoo! Answers o Quora Digest.

- Sitios de agregadores donde puede publicar algunas noticias que se pueden clasificar utilizando un sistema de votación como Reddit.

¿Dónde más se puede utilizar un imán de plomo?

Si conoces un lugar en el que se puede consumir ese contenido, puedes ser creativo y hacer que tu imán haga que la gente llegue allí.

- Anuncios de pago como banners, anuncios nativos, anuncios PPC

- Poner el imán principal al final de un seminario web como una manera para que los asistentes obtengan más información.

- Si no tienes un podcast para hablar sobre tus ofertas, busca a alguien que pueda incluirte en las suyas.

- Puede asociarse con empresas que ofrecen boletines informativos y solicitar ser presentados allí. Puede vincular la función a su imán de plomo o a la página de destino.

Es hora de hacerlo

Independientemente de cómo quieras anunciarte, el objetivo aquí es llevar a los prospectos a tu imán. Si desea aumentar su lista de correo electrónico e información de contacto, los imanes de plomo son una gran manera de ayudarle a hacerlo. Lo he hecho con ClickFunnels y también se anuncia en diferentes plataformas ya, y la lista está creciendo a números que no imaginaba antes de empezar.

Recuerda promocionar tu imán con una buena página de destino que puede aumentar las conversiones.

Capítulo 8: Creación de una gran página de aterrizaje

Si no puede conseguir que un buen diseñador web trabaje en su página de destino, hay plantillas listas como en ClickFunnels para ayudarle a hacerlo. Por lo tanto, crear uno no es uno de esos temas complejos en los que estás pensando.

Por otro lado, implica más que crear algo "buen aspecto" ya que dar a sus prospectos lo que quieren necesitará mucha investigación. Por lo tanto, no vamos a centrarnos en cómo crear una gran página de destino, pero vamos a ver algunas de las cosas que una página de destino pendiente debe considerar.

No hay una sola guía para todos los que necesitan crear una página de destino, ya que diferentes vendedores querrán cosas diferentes para sus clientes potenciales. Echemos un vistazo a los siguientes casos:

o Tu amigo necesita una página de aterrizaje que le ayude a vender el traje de running a los atletas.

o Desea que una página de destino invite a las personas a su seminario web sobre cómo generar ventas en línea.

○ Otra persona por ahí necesita una página de destino para que la gente tome un cuestionario en línea.

¿Cree que los tres escenarios pueden seguir la misma guía para lograr resultados? Cada vendedor aquí necesita una audiencia diferente, productos, industria, enfoque, costo, opciones de mensajería y testimonios sólo por mencionar algunos.

Dado que está claro que ningún tamaño se ajustará a todos, comprobaremos algunos fundamentos relacionados con la creación de una página de destino que funcione para su nicho de marketing. Al final de este capítulo, tendrá todos los puntos que necesita para crear su página de destino sin más investigación aparte de lo que necesita para los prospectos.

¿Qué es una página de destino?

En primer lugar, vamos a ver qué es una página de destino y cómo difiere del resto de sus páginas en su sitio web. Una página de destino es la página de su sitio que es responsable de aumentar las tasas de conversión a medida que se esfuerza por alcanzar sus objetivos empresariales (Patel, 2018). Podría ser su página de inicio u otra página en el sitio web o una página específica que sirve como su área de campaña para lo que está ofreciendo.

Cuando hablamos de una página de destino, es diferente del resto de páginas de su sitio en que tiene un acceso diferente. Si nos fijamos en una página de inicio, por ejemplo, la gente puede saberlo diciéndoles o compartiendo un enlace en las redes sociales entre otros medios. Para las páginas de destino, necesita palabras clave y la clasificación de resultados de búsqueda en la primera página. Una página de este tipo necesitará palabras de promoción o de anuncio o algo similar, ya que existe para hacer una sola cosa: convertir clientes en compradores.

Tu página de inicio puede servir como página de destino si la configuras para aumentar las conversiones.

Ventajas de una página de aterrizaje eficaz

Estos son algunos de los beneficios que se le ofrecen a su manera si tiene algo que realmente está atrayendo a los clientes.

Aumenta tu ranking SEO

Google está utilizando SEO para clasificar los resultados de búsqueda, lo que significa que tu página de destino ya debería tener algunas palabras clave de destino que coincidan con lo que buscan los clientes mientras están en Internet. Los vendedores van más allá para usar Google Adwords y otros aumentos de pago. Todos ellos hacen que la página de destino se mueva y ponga su producto dentro de las proximidades del cliente.

Promover algo ganando la conciencia

Una página de destino tiene algo específico para promocionar o vender. No es lo mismo que lo que otras páginas en el sitio y está allí para dar un mensaje en toda la base de clientes. Esto significa que puede centrarse en uno de los objetivos de marketing y moverlo a la vanguardia para obtener más conversiones. También le da la oportunidad de realizar un seguimiento del rendimiento de uno de sus productos en el mercado.

Ayude a los clientes a entrar en su embudo

Si su página de destino está convirtiendo las ventas según lo esperado, actúa como un portal donde los clientes pueden unirse a usted u obtener lo que está ofreciendo más rápido. En lugar de que las personas busquen formas de unirse a sus ofertas navegando por su sitio, la página de destino lo hace más fácil.

Consideraciones antes de hacer una página de aterrizaje

- o **Tu objetivo final:** Cuando los visitantes llegan a tu página, ¿qué quieres que hagan? Sea cual sea tu objetivo, determina lo que necesitas que hagan para que puedas realizar un seguimiento de las conversiones más tarde de la misma manera que diseñaste.

o **_Sus sustitutos:_** Debe comprobar quién más ofrece los mismos productos o servicios que usted, cómo lo están haciendo y cómo puede seguir su ejemplo. Si tus competidores tienen algo que está ayudando a la gente, será mejor que hagas lo mismo.

o **_Tus perspectivas:_** ¿A quién apuntas? ¿Qué necesitan y a qué aspiran? Puede sonar obvio, pero te conseguirá lo que necesitan. Si entiende lo que el cliente necesita, entonces será más fácil satisfacer sus necesidades. Si no lo hace, entonces será difícil diseñar una copia persuasiva que siga los requisitos del cliente.

o **_Cómo llegan los clientes a su página de destino: puede diseñar su mensaje de_** tal manera que los usuarios de diferentes plataformas puedan obtenerlo a medida que leen desde donde vieron su anuncio por primera vez. Las empresas con más páginas de destino se dirigen a diferentes plataformas como Google, Facebook y Twitter, lo que lleva a más conversiones que las que tienen una sola página de destino. Sin embargo, es difícil obtener más páginas de destino, así que si está iniciando, comience con una personalizada, luego agregue a medida que continúe recibiendo más masas de otras plataformas.

Cómo hacer grandes páginas de aterrizaje

Despúes de pasar por la descripción general de la página de destino, aquí hay algunos puntos persuasivos que le ayudarán a hacer una página excepcional.

- *Corto, dulce y preciso: Una página de* destino adecuada debe llevar la información necesaria sobre lo que está ofreciendo que es suficiente. Nada demasiado para abrumar al lector o visitante que hará que hagan clic de distancia.

- *Contenido que inspira confianza: A medida que* la información atrae al visitante, lo que usted dice debe ser rico en autoridad a medida que se adhiere a la relevancia.

- *Todas las carreteras se dirigen al punto de conexión: los enlaces de la página de* destino deben llevar a los visitantes a su oferta. Eso significa eliminar cualquier cosa que los lleve lejos, como enlaces que sirven como puntos de salida. Si deben salir del embudo, el enlace utilizado no debe ser tan evidente como el que les exige entrar.

- ***Conversiones fáciles: Otro objetivo en tu página de destino es facilitar la conversión de*** los visitantes. La incitación a unirse debe ir seguida de algo más fácil de comprender que implica deshacerse de las barreras que les harán pensar lo contrario. Si se supone que la gente debe enviar formularios, hazlo irresistible. Si quieres que descarguen algo, haz un botón que no puedan dejar ir.

- ***Diseño suave:*** Debe tener un diseño claro que responda a todas las preguntas con una navegación fácil cuando sea necesario. Evite tener ventanas emergentes en el medio a menos que lo necesite. La forma más sencilla para que los clientes se conviertan es asegurarse de que la conversión está a solo un clic de distancia.

- ***CTA precisa:*** Una llamada a la acción debe estar en algún lugar en el título del título o en el botón al que se va a hacer clic. Debe ser algo que le diga al visitante qué hacer. Algo como "Comenzar" o "Enviar tu copia ahora" aumentará las conversiones, ya que está diciendo a los usuarios que actúen.

- ***Titulares pegadizos: En la mayoría de los casos,***

la página de destino tendrá el titular que introduce la oferta y la subpartida explicando más sobre la propuesta de valor. Para golpear el clavo en la cabeza, puede utilizar el encabezado como una línea que introduce al visitante y le da el valor al mismo tiempo.

- *Contenido atractivo:* Utilice palabras que harán que el visitante se sienta comprometido. El uso de las palabras "usted" al referirse al lector hace que se sientan conectados. Una palabra como 'imaginar' les hará visualizar acerca de sus ofertas.

- *Se trata del visitante:* No empieces a contarle al visitante sobre ti mismo y lo que haces. Pueden leereso en la sección about de nuestro sitio web. Vaya directamente a lo que está proporcionando y cómo puede ayudarles a lograr la solución que están buscando.

- *Utilice un video cuando sea necesario: los videos ofrecen una mejor manera de* educar a los visitantes si su producto es complejo a medida que se entretienen.

- *Escaneo fácil de un vistazo: Los visitantes de* su página tienen poco tiempo para obtener lo que está ofreciendo, unirse o irse. Considere el tiempo como ocho segundos. Haga que su página sea fácil de escanear resaltando los puntos principales y usando viñetas si tiene más información. Colorear la jerarquía de información también funciona aquí.

- **_Imágenes apropiadas y excelentes:_** A los visitantes les gusta ver imágenes brillantes que se relacionan con lo que está ofreciendo en su página de destino. Considere la posibilidad de tener algunas buenas imágenes y usar algo que dirija a los usuarios sobre qué hacer, como flechas que muestran la ruta a seguir.

- **_Haga coincidir su página de destino con el texto correcto del anuncio: para que una página de destino funcione según lo_** esperado, debe hacer coincidir sus palabras clave con lo que hay en el texto del anuncio de PPC. Eso asegurará que sus visitantes estén siguiendo el mismo camino. No uses palabras que los lleven a otro lugar o que los lleven a un lugar donde puedan obtener el producto o servicio que estás ofreciendo.

- **_Solo pregunte qué pueden dar los visitantes: Si tiene más campos que rellenar antes de_** que lleguen a su producto, entonces está disminuyendo sus posibilidades de atrapar a más clientes. Si necesita más información, puede hacerlo más adelante en la página de agradecimiento después de que hayan adquirido algo de usted.

- *Usar color para atraer: El color del* botón debe ser algo más brillante que lo que hay en el fondo. La mayoría de los botones son rojos, naranjas o verdes, ya que los colores son una mejor manera de dar contraste y aumentar la visibilidad.

- *Considere la posibilidad de ser amigable con dispositivos móviles:* dado que un visitante podría estar utilizando cualquier dispositivo inteligente para ver su página de destino, asegúrese de que la vista incorpora las pantallas pequeñas mediante los ajustes necesarios a medida que construye la página de destino.

Con los puntos anteriores más una visión general de una página de destino, ahora está claro que necesita uno si desea aumentar su tasa de conversión. Aquellos que han estado usando páginas de destino por delante de usted se han dado cuenta de una gran cantidad de beneficios y clientes. ClickFunnels es una de las plataformas que puedes usar para obtener ideas de páginas de destino excelentes y mucho más para guiarte a realizar más conversiones a partir de lo que creas.

Capítulo 9: Dar una oferta molesta en el back-end

Como empresario, tener algunos clientes leales es algo que le asegura el éxito en su empresa. Para tener estos clientes leales, primero debe generar algunos clientes potenciales. Un embudo de ventas sirve como su plan para nutrir estos clientes potenciales. Después de nutrir estas pistas, debe trabajar para mantener estas pistas.

Tan simple como suena el concepto, construir un embudo de ventas que convierta a los clientes potenciales en clientes comprometidos puede ser muy difícil. Severá obligado a crear páginas de destino y ofertas de oportunidades en cada etapa del viaje de compra.

Sin embargo, con una plataforma como ClickFunnels, todo este trabajo se puede reducir a unos pocos clics. Haga clic en Embudos le ayudará a convertir y retener clientes. ¿Cómo? Al permitirle crear embudos que promoverán el servicio al cliente de su empresa.

¿Qué es el servicio al cliente?

El servicio al cliente es el rol dedicado a ayudar a los clientes a obtener el valor que pagaron de un producto o servicio, especialmente cuando las cosas van mal. Los clientes suelen ser el aspecto más crítico de su negocio. Elservicio que les ofreces debe ser excepcional. Sin embargo, el servicio al cliente está tradicionalmente infravalorado debido a su dependencia de las llamadas habilidades blandas. Este es, sin embargo, un antiguo punto de vista. Hoy en día, la atención al cliente es más de capacidad técnica que el talento natural (Ciotti, 2019). Mmineral y más empresas son cada vez más creativos en formas que pueden mejorar su servicio al cliente.

Esto, por lo tanto, requiere que usted como empresario se vuelva grande en el conjunto de habilidades distinta y en constante evolución necesaria para el servicio alcliente. Las habilidades para el servicio al cliente generalmente se adaptan de acuerdo con el negocio. Sin embargo, algunas habilidades esenciales pueden sensatar las bases para todo lo demás.

Habilidades para mejorar su servicio al cliente

Conozca su producto de adentro hacia afuera

No hay nada tan malo para un cliente, como hacer una pregunta sobre un producto para obtener una respuesta incorrecta o incompleta al respecto. Esto provoca el gusto del cliente por su producto. No importa lo bueno que sea su producto. Es como si un cantante olvidara la   letra de su canción en el escenario.

Por lo tanto, es esencial que usted y su personal conozcan el producto que está vendiendo en profundidad. Saber cuál es su producto, lo que implica, y también tal vez cómo se utiliza. Esto ayudará mucho a reducir los momentos incómodos y aumentar la satisfacción de sus clientes.

También puede ir un paso más allá y capacitar a nuevos empleados sobre cuál es su producto y cómo beneficia a los consumidores, incluso si son solo empleados a tiempo parcial.

No puede proporcionar un excelente servicio al cliente sin ser un experto en su producto.

Aprender a usar un lenguaje positivo

El uso de la comunicaciónpositiva, más a menudo que no, produce una reacción positiva de los clientes. Por un lenguajepositivo, no significa que usted debe limitarse a tono animado artificial y optimista. No, es más bien evitar el fraseo negativo durante las comunicaciones con los clientes.

Los clientes odian que se les dé una conferencia sobre lo que no puede hacer por ellos. Quieren que usted proporcione una alternativa a cómo pueden resolver el problema en cuestión. Muéstrales que estás comprometido a encontrar una solución al problema. Esto será un largo camino para mantener a sus clientes cerca.

Aquí hay una manera negativa y positiva de abordar un problema en particular:

NEGATIVE: "Parece que ese producto no estará disponible durante unas semanas, así que no puedo hacer un pedido para usted hasta que llegue a nuestro almacén."

POSITIVO: "Parece que ese producto estará disponible el próximo mes. Puedo hacer un pedido para usted tan pronto como llegue a nuestro almacén.

Adaptarse a su tono al contexto

Para cada comunicación empresarial, hay dos aspectos fundamentales que usted como empresario debe tener en cuenta. Esta es la voz y el tono que usas. La voz es el estilo subyacente que desea que tenga su marca. El tono, por otro lado, es el estilo adecuado para un contexto específico.

Tomemos por ejemplo una empresa que vende bebidas. Para una empresa de este tipo, pueden promover su marca tal vez apoyando la diversión a través de cada bebida que los clientes compran. En tal caso, la voz de la compañía rodeará el hecho de que son divertidos. Sin embargo, en los casos en que un cliente recibe un envío tardío de su producto, esa voz necesita cambiar. Aquí es donde entra en juego el tono. Usted debe hacer coincidir el tono con el estilo conversacional de su cliente, pero todavía mantener la voz de su marca.

Por lo tanto, manténgase coherente y utilice la voz de su marca como base mientras ajusta su tono en función del temperamento del cliente y su razón para ponerse en contacto con usted.

Habilidades de escritura cristalinas

Para que usted mejore su servicio de atención al cliente, la comunicación errónea es un elemento que usted trataría de evitar a toda costa. La mala comunicación, más a menudo que no, suele ser provocada por mensajes poco claros. La mayoría de las empresas se especializan en la escritura inteligente a expensas de la escritura clara. Esto no significa que ser creativo esté mal. La creatividad es una parte integral de hacer que tus mensajes destaquen. Sin embargo, la creatividad no debe ser una prioridad.

Primero debe desear que su mensaje sea lo más claro posible para el consumidor.

La mensajería clara se puede lograr mediante el uso de palabras simples de entender. También debe evitar hacer suposiciones sobre lo que los clientes saben. No todos saben lo que sabes.

Por ejemplo, si desea que un cliente comparta su dirección, en los casos en que le entregue un producto, no solo le diga que le envíe una dirección. Proporcione instrucciones paso a paso que su cliente puede seguir hasta que se logre.

Otra cosa a tener en cuenta es la forma en que el estilo de sus respuestas, especialmente a través del correo electrónico. Debe utilizar características como balas, saltos de línea y también negritas para favorecer una lectura fácil. Esto evitará confusiones porque su mensaje ahora estará en secciones fácilmente escanearles.

Abogacía para sus clientes

Normalmente, se espera que las empresas tengan empatía por sus clientes. Entender, sin embargo, no es suficiente para sus clientes. Más crítica que la empatía es la promoción.

La promoción está defendiendo las preocupaciones de sus clientes y siendo activoen la identificación de posibles soluciones. Por lo general funciona porque a diferencia de la empatía, es más un acto activo que uno pasivo. El consumidor, en este caso, puede sentir su acción y así puede identificar su presencia.

Para que la promoción funcione, usted tiene que entender las fases de las interacciones con los clientes que son:

- o *Sensing:* Esto es cuando intentas averiguar qué causó el problema del cliente. Debería suceder al comienzo de la conversación.
- o *Buscando: Después de* ahora identificar el problema, ahora puede explorar todas las soluciones posibles a su disposición.
- o *Establecimiento:* Una vez que todas las soluciones han aparecido, ahora puede hablar con su consumidor sobre la mejor solución para instalarse. Esta solución debe sacar el mejor resultado.

La promoción ahora llega a la fase de "búsqueda". Al informar al cliente sobre las soluciones que ha explorado, incluso pueden llegar a ser más receptivos a un resultado menos que perfecto. Sin embargo, debe explicar la respuesta de una manera que el consumidor verá la lógica que le llevó a sugerir lo que hizo. Esto los hará más comprensivos.

Si usted proporciona una solución débil para el consumidor, él o ella tendrá la imagen que usted está tratando de cepillarlos. Lo último que desearía para su negocio es parecer como si estuviera despreocupado. Esto dañará su servicio de atención al cliente.

Por lo tanto, anhela tomar el control de las situaciones y mostrar al cliente que usted está dispuesto a proporcionar una solución confiable al problema en cuestión.

Creatividad para entregar *Wows Frugal*

¿Qué son los "wows" frugal? Los glúteos frugal son gestos que no tienen valor monetario para un cliente pero crean una lealtad duradera a través de la consideración del gesto. Por lo general, dependen de la creatividad en lugar del capital. Esto significa que cualquier emprendedor puede aprovechar las frugales wows para mejorar en su servicio al cliente.

Algunos de los wows frugal podrían ser como:

- Envío de notas de agradecimiento manuscritas

- Incluyendo inserciones creativas de embalaje

- Proporcionar muestras que complementan

una compra

- Ofreciendo descuentos sorpresa después de la compra

- Creación de conexiones personales con vídeos cortos

A medida que crece su negocio, es bueno encontrar maneras de entregar momentos sorpresa repetibles. También sería prudente para usted deleitar a muchos clientes un poco más de un cliente mucho.

Por lo tanto, considere los momentos sorpresa como un extra un poco inesperado para sus clientes, y esto será un largo camino en ayudar a construir su reputación.

Comprender cómo establecer las expectativas correctas

Al crear un embudo para que sus clientes interactúen, es muy importante establecer las expectativas correctas. Establecer las expectativas correctas puede influir directamente en la forma en que los clientes perciben la calidad de su soporte.

Por ejemplo, al configurar el widget de chat, puede agregar detalles como "Obtener una respuesta al instante". Esto puede parecer tan menor, pero puede causar insatisfacción de sus clientes si su tiempo medio de respuesta es de unos cinco minutos. Este es un error que podría haber evitado si sólo se establecen las expectativas correctas.

El secreto de esto es prometer y entregar en exceso. Fácil como suena, puede ser tan desafiante. Taquí habrá momentos en los que sentirá la necesidad de sobre prometer atraer a más clientes. Esto aumentará su presión interna para que cumpla con esas promesas y esto no es saludable para el negocio.

Por lo tanto, tenga cuidado con respecto al tiempo. No haga promesas en áreas sobre las que está seguro de que no tiene control.

Ofreciendo una opción de reducción

Como emprendedor, debes ser consciente de que las limitaciones presupuestarias son un factor que puede hacer que pierdas a tus clientes. Cuando sus clientes están teniendo un problema financiero, a veces pueden carecer del poder económico para comprar su producto. Esto puede hacer que los pierdas.

Entonces, ¿qué haces en estos casos para mantenerlos cerca? Puede crear un embudo que sea capaz de acomodar este tipo de clientes. Sea considerado y ofrezca opciones más baratas para tales individuos. Esto le ayudará a mantenerlos cerca.

Tenga en cuenta que esas restricciones pueden cambiar. Por lo tanto, dejarlos durante esos tiempos puede hacer que los pierdas para siempre.

Conclusión

Por último, a través de ClickFunnels, puede crear fácil y rápidamente un embudo de ventas que podrá convertir y retener clientes. La retención de clientes suele tener que ver con cómo interactúas con ellos. ¿Cuánto apoyo les brinda?

El servicio al cliente de su negocio debe estar en su mejor momento para que usted retenga a los clientes. Involúcrate con los clientes y trata de ser más activo. Esto es tal vez proporcionando soluciones a los problemas que están enfrentando. Va a ser un largo camino en la construcción de su reputación.

Capítulo 10: Pruebas divididas

El objetivo del marketing suele ser aumentar los rendimientos de su empresa. Sin embargo, hay veces que su estrategia de marketing puede fallar.

Entonces, ¿cómo sabes que tus campañas de marketing están funcionando? Las pruebas divididas pueden ayudarle con esto. Las pruebas divididas le ayudan a saber si sus esfuerzos de marketing están logrando resultados también le muestran dónde puede realizar cambios para que sea más eficaz.

Entonces, ¿qué significa realmente las pruebas divididas?

Definición de prueba dividida

Es un método utilizado para probar múltiples o un solo elemento de un sitio web entre sí para ver cuál funciona mejor.

Si usted es nuevo en las pruebas divididas, es posible que encuentre todo esto muy complejo. Estas son algunas definiciones que pueden hacer que sea más fácil   de entender.

Durante las pruebas divididas, solo está comparando una versión de control del sitio web y una versión variante. Una versión de control es una versión original de lo que esté probando. Por otro lado, una versión variante es la versión modificada del control. La variante está destinada a probar contra el control con el fin de determinar qué funciona mejor.

¿Qué queremos decir con rendir mejor? Las pruebas divididas suelen ser una parte muy importante en la optimización de conversiones. Una conversión es cualquier acción que quieras que alguien complete, por ejemplo, como comprar un producto. Esto significa que las pruebas divididas ayudan a aumentar la velocidad a la que las personas completan la tarea deseada. Por lo tanto, durante la comparación de las versiones de control y variante, debe elegir la versión que ayuda a completar rápidamente la tarea.

Además, un nombre común para una prueba dividida suele ser una prueba A/B. Sin embargo, con una prueba A/B, divide su tráfico web en dos, con el 50% de su tráfico viendo el control y el 50% viendo la variante.

¿Para quién es adecuado para las pruebas divididas?

Las pruebas divididas suelen ser esenciales para las pequeñas empresas que dependen de las campañas de marketing en línea como su única manera de impulsar sus ventas.

Algunos otros tipos de pruebas divididas de negocios son adecuados para son como:

- Negocios de Coaching de Negocios Virtuales

- Empresas de comercio electrónico

- Empresas de Marketing Digital

- Empresas de software

¿Por qué debería ejecutar una prueba dividida?

Una prueba dividida realmente puede ayudarte a aumentar la eficacia de tu estrategia de marketing. Una vez que sospeche que su estrategia de marketing está fallando, debe llevar a cabo una prueba dividida. También puede llevar a cabo una prueba dividida en los casos en los que cree que puede obtener mejores resultados a través del marketing de los que ya está obteniendo.

Estos son algunos otros beneficios potenciales de llevar a cabo una prueba dividida:

- Eliminar las conjeturas de su enfoque de marketing y aumentar la certidumbre

- Conocer cómo responden los clientes potenciales a sus ofertas en lugar de pensar cómo responderán con los datos de su encuesta

- Beneficiarse de conocimientos no vistos que mejorarán su negocio

- Creación de contenido que los clientes necesitan

Preparación para su primera prueba dividida

Antes de comenzar la primera prueba dividida, primero debe saber lo que puede probar. Algunas de las cosas que puede probar son como titulares, copia de página, texto de botón, colores, formularios, imágenes y tal vez los botones de uso compartido de redes sociales. En resumen, puede probar cualquier cosa que aparezca en la página web.

Para asegurarse de que su prueba dividida es efectiva, aquí hay un procedimiento probado que debe seguir:

Paso 1: Observar y recopilar datos

Este es el paso más importante. En este paso, tendrá que observar lo que está sucediendo en su sitio o el elemento que desea probar. Más adelante, puede recopilar datos al respecto.

Algunos de los lugares en los que puede recopilar sus datos son como su cuenta de análisis web, donde prestará atención a las principales páginas de destino, entradas y salidas, rebotes y si ha establecido objetivos, conversiones.

Paso 2: Formar una hipótesis

Después de obtener los datos, ahora necesita una hipótesis. Simplemente significa tener una idea de por qué está recibiendo los resultados de la manera en que son y cómo puede trabajar en ellos a su favor.

Esta es una manera en que usted podría formar su hipótesis:

- **Problema analizado: Las personas que** hacen clic en el botón Enviar de tu formulario de registro no son suficientes. Uno de los problemas podría ser que el botón no se destaque.

- **Solución propuesta:** Usted cree que al aclarar el fondo, el botón puede destacar dando lugar a más inscripciones.

- **Métricas de éxito:** sabrás que esto funciona cuando recibas un aumento de las inscripciones en alrededor de un 10% en las próximas dos semanas.

Paso 3: Realizar su prueba y comprobar los resultados

En esta etapa, tendrá que utilizar los datos que recopiló en el primer paso. Estos datos se utilizarán ahora para medir los resultados. Esto le ayudará a saber cuál entre el control y la variante es más eficaz.

Uso de ClickFunnels para pruebas divididas

ClickFunnels es una plataforma que suelo usar para la mayoría de mis pruebas divididas. Esto se debe a que ya tiene una funcionalidad de prueba dividida A/B incorporada. Esto reduce todo el ajetreo de crear la versión variante. Cuando necesito crear una página de salida, normalmente creo una variación con un solo clic.

Una vez configurada la prueba dividida, ClickFunnels distribuye uniformemente alrededor de la mitad del tráfico al control y la otra mitad a la variación. Además de esto, ClickFunnels también realiza un seguimiento de la tasa de conversión. Esto, por lo tanto, significa que su único trabajo ahora es comprobar qué versión convierte mejor, el control o la variante.

Una vez que tenga suficiente tráfico, ahora puede elegir un ganador, y la otra página se elimina automáticamente.

Esto realmente reduce la carga de trabajo y es mucho más rápido con resultados aún mejores.

Conclusión

En conclusión, una prueba dividida es un factor muy importante para su negocio. Le ayuda como emprendedor a determinar si su estrategia de marketing está funcionando o no. Esto es importante porque evitará las posibilidades de hacer cualquier pérdida en su negocio. Una prueba dividida también puede ayudarle a comprobar las áreas que puede mejorar en su estrategia de marketing. Esto ayudará a aumentar la eficacia de su plan de marketing y, por lo tanto, conducirá a un aumento de las ventas.

Las pruebas divididas, sin embargo, pueden ser un poco tediosas, pero con una plataforma como ClickFunnels, todo el ajetreo se puede reducir a unos pocos clics. ¡Así que únete al carro ahora!

Capitulo 11: llama a la acción

Al crear un embudo de ventas, un aspecto importante a tener en cuenta es la optimización de la conversión. Esto se trata de la rapidez con la que sus compradores van a completar una tarea determinada como comprar su producto en línea. Sin embargo, para que los compradores tomen esa acción, usted tiene que provocar una respuesta de ellos. Aquí es donde entra en juego el aspecto de llamada a la acción de un embudo de ventas.

El aspecto de la llamada a la acción es un factor que muchas personas tienden a descuidar a menudo. La mayoría de los vendedores suelen ignorar la relevancia de la llamada a la acción a un embudo de ventas.

Entonces, ¿qué significa realmente una llamada a la acción?

Los fundamentos del llamado a la acción

La CTA, como se llama normalmente, es básicamente una instrucción que le das a tu audiencia que provoca una respuesta inmediata y consigue que tomen algún tipo de acción. La acción, en este caso, puede ser un montón de cosas. Realmente depende de tu negocio. Esto se debe a que puede ser para solicitarles que descarguen un libro electrónico, que compren un producto, o incluso tal vez para registrarse para un evento.

La eficacia de una CTA suele basarse únicamente en su ubicación durante todo el viaje del comprador. Tienes que estar muy interesado en su colocación. Además, es importante usar solo una llamada a la acción en lugar de usar varias llamadas a la acción. Esto se debe a que eliminará la paradoja de elección para sus compradores.

Entonces, ¿cómo se construye una CTA eficaz?

Guía para construir un llamado a la acción eficaz

Idea genial

La lluvia de ideas es un primer paso importante para crear una llamada a la acción. En este paso, debe determinar los objetivos de su CTA. Esto es como si tal vez hacerse preguntas como:

- ¿Qué tipo de acción quieres que tome tu audiencia?

- ¿Qué mensaje resumirá mejor su producto?

Al responder a estas preguntas, podrás enfocarte y crear mejor contenido para tus mensajes que harán que tu audiencia actúe.

Comience con un verbo convincente

Un verbo convincente puede ser una buena manera de provocar a tu audiencia en la acción. Recuerda que el objetivo aquí es conseguir que tu audiencia actúe. Un verbo puede marcar la diferencia para su embudo de ventas (Parkes, 2018).

Entonces, ¿qué tipo de verbos deberías usar? Algunos de los mejores verbos atractivos pueden ser como descargar, continuar, registrarse, suscribirse, ordenar, empezar, y también averiguar. También puede hacer algunas investigaciones y agregar algunos otros verbos a la lista.

Incorporar una palabra de moda

Buzzwords se puede utilizar para complementar los verbos convincentes. Esto ayudará a vender realmente su llamada a la acción. Lo que hay que tener en cuenta aquí es que usted debe ser simple al usarlos. Si descuidadamente conectas varias palabras de moda a tu embudo de ventas, entonces podrías terminar perdiendo credibilidad y confianza con tu audiencia.

¡Algunas de las palabras de moda que podría utilizar son como probarlo de forma gratuita, empezar ahora, registrarse para una prueba gratuita y tal vez vamos a hacerlo!

Crear urgencia

Recuerda cómo era en la universidad cuando te dieron algo de trabajo que hacer y tenías que presentarlo antes de una fecha determinada. La urgencia de completarlo antes de la fecha te obligó a actuar. Esto significa que los plazos nos lleva a actuar.

Por lo tanto, al incorporar plazos a tu llamada a la acción, puedes proporcionar ese motivador adicional que hará que tu audiencia actúe. Algunas de las frases que puedes usar para crear la urgencia son como:

- Regístrese antes de fin de mes

- Consíguelo antes de que se haya ido

mantenlo Simple

La simplicidad es un aspecto clave de su llamada a la acción. Tus clientes están ahí para actuar, no para leer una novela. Por lo tanto, cuanto mayor sea el número de palabras de tu CTA, menos probable será que tu audiencia haga clic en ella.

Por lo tanto, si tiene un botón de llamada a la acción, cuanto más corto sea la redacción, mejor.

Otra cosa a tener en cuenta es que aunque usted debe ser simple, su mensaje debe ser único para su marca. No sacrifiques la creatividad por simplicidad.

Ubicación

La ubicación de la CTA afecta directamente a su eficacia. Si realizas tu llamada a la acción en un lugar en el que tu audiencia no pueda verla, no realizará su trabajo según sea necesario.

Entonces, ¿dónde colocas tu CTA en tu embudo? Estas son algunas pautas que podrían ayudar:

- Si su embudo de ventas no tiene mucho texto, es mejor colocar su CTA por encima del pliegue de su embudo. Sin embargo, si su embudo tiene mucho contenido, tendría más sentido si coloca la CTA debajo del pliegue del embudo.

- Debe mantener su CTA en el lado derecho de la página de destino de su embudo de ventas. Esto se debe a que las personas suelen leer de arriba a abajo y de izquierda a derecha.

- En el caso de los dispositivos móviles, es lógico que coloques tu CTA cerca de la parte superior de tu página. Esto se debe a que la audiencia, en este caso, está utilizando pantallas menores.

Llamada adicional a las prácticas recomendadas de acción

Al igual que con cualquier otra estrategia de marketing, tienes que ser flexible. Esto requiere que pruebes continuamente los términos de tu CTA para averiguar qué resuena mejor con tu público objetivo.

Para esto, normalmente uso ClickFunnels que ayuda con las pruebas divididas. Las pruebas divididas, en este caso, le ayudan a probar diferentes llamadas a la acción y, por lo tanto, determinar qué produce un resultado superior.

Además de la redacción, también debe sechar los gráficos que utiliza para su CTA. El botón de llamada a la acción debe destacarse del resto del contenido. Esto es por el uso de tal vez un botón más grande o un color de contraste del del fondo.

Con todo esto hecho, seguramente estará en camino a tasas de conversión más altas con su embudo de ventas.

Capítulo 12: Plan para generar tráfico

No cabe duda de que Facebook es la plataforma de redes sociales líder en la actual. Se ha aferrado a su supremacía desde hace varios años.

Facebook comenzó inicialmente como una plataforma de medios sociales pura donde amigos y familiares se conectarían. Sin embargo, con el tiempo, ha evolucionado para ser un medio eficaz para la promoción de marcas y negocios de marketing.

¿Cómo ha pasado esto?

El objetivo de la mayoría de los vendedores suele ser llegar a sus clientes potenciales. Con la forma en que Facebook comenzó a conectar a las personas, no fue mucho antes de que los vendedores identificaran su potencial de marketing. Además de esto, Facebook proporcionó una plataforma donde las empresas podían crear sus propias páginas.

Es por esta razón que Facebook se ha convertido en la red social de ir a cuando se trata de publicidad y generación de clientes potenciales. Para que esto suceda, tendrás que crear un embudo de publicidad de Facebook exitoso. Esto puede ser un poco tedioso y caro. Sin embargo, con una plataforma como ClickFunnels, todo este trabajo se puede reducir en gran medida. ¡Esto se debe a que todo lo que tendrá que hacer es sincronizar su embudo de ventas en ClickFunnels con su página de Facebook y ya está listo para ir!

Entonces, ¿cómo puede Facebook ser beneficioso para su negocio?

Beneficios de Facebook Marketing para un negocio

Exposición masiva a escala global

Con más de 1.200 millones de cuentas de usuario, Facebook es sin duda el gran papá de las redes sociales. Esto significa que al usar Facebook solo, estás vendiendo tu producto a más de mil millones de personas en todo el mundo. Definitivamente es un gran público.

Además de la gran audiencia, Facebook ofrece múltiples plataformas para marketing. Esto es en forma de páginas, grupos y también anuncios (Jhajharia, 2018).

Las páginas de Facebook suelen ser la forma más común de representar a individuos o incluso empresas.

Los grupos de Facebook, por otro lado, suelen ser abiertos principalmente por empresas u organizaciones con el fin de promover sus actividades. Por lo general, se permite a los usuarios unirse a estos grupos y también pueden publicar comentarios en la página del grupo denominada muro.

Por último, los anuncios de Facebook pueden ser utilizados por empresas que quieran dirigirse a usuarios con datos demográficos extremadamente específicos normalmente seleccionados por el anunciante.

Bajos gastos de marketing

Para cualquier negocio, capturar la mayor audiencia es el principal objetivo de marketing. En estos días, la forma en línea es la mejor manera de usar para lograr ese objetivo. Esto le pedirá que usted, como empresario, tenga un sitio web. Los sitios web, sin embargo, suelen costar dinero para desarrollar, alojar y mantener. Esto puede ser un gran desafío para las pequeñas empresas.

Esto, por lo tanto, te deja con una sola opción, Facebook. Facebook es una plataforma que cualquier empresa puede utilizar para comercializar su producto. Esto se debe a que es gratis.

Tomemos, por ejemplo, creando una página de Facebook, puedes crear una sin costo alguno, y también puedes subir cualquier cosa en esta página. Luego, hay anuncios de Facebook. Estos son bastante económicos también. Los anuncios generalmente se cobran sobre una base diferente dependiendo de lo que le convenga.

Algunos de los métodos de carga populares son el CPM (Coste por Millón) y el CPC (Coste por clic). El CPM se cobra por cada mil impresiones mientras que el CPC se carga por clic.

Capacidad para dirigirse a clientes potenciales

Facebook es una plataforma de redes que se utiliza en todo el mundo. Este público grande a veces puede ser un problema cuando solo quieres interactuar con un determinado grupo de la audiencia.

Es por esta razón que Facebook por lo general tiene la función de anuncios de Facebook. Esta característica le ayuda a dirigirse a clientes potenciales en función de sus datos demográficos e intereses. Por ejemplo, si quieres anunciar ropa para hombres, podrías dirigirte a hombres de entre 20 y 35 años.

Además de esto, Facebook también permite volver a dirigirse a aquellos visitantes que habían visitado anteriormente tu sitio, reduciendo así de manera efectiva tu público objetivo.

Aumentar el tráfico web

Para una mayor conexión entre una empresa y los usuarios, Facebook proporciona enlaces que guían a los usuarios al sitio web de su negocio. Una vez en sus páginas de destino, los usuarios ahora pueden estar expuestos a un tono de marketing más directo en forma de llamada a la acción. Esto te facilitará que sea fácil para ti como emprendedor llegar a un público más amplio.

Facebook también va un paso más allá para proporcionar una función que permite a los usuarios que les gusta tu página, empezar a recibir cualquier actualización que realices en tu página de Facebook. De hecho, incluso sus amigos pueden ver las actualizaciones y publicaciones. Esto hace que el alcance de Facebook sea mucho más grande.

Información útil – Estadísticas de Facebook e Información del competidor

Por cada publicación que subas en Facebook, hay un gran número de personas que pueden llegar a verla e interactuar con ella. Facebook generalmente desglosa estos números para usted y los proporciona de una manera que es fácilmente digerible.

Por ejemplo, para un anuncio de Facebook, Facebook suele mostrar los datos en el número de Me gusta de la página, el alcance total de tu publicación y también el número de personas que participaron con la publicación. También se ponen a disposición algunos datos útiles sobre el rendimiento de cada publicación.

Facebook también tiene una función llamada Administrador de anuncios de Facebook que te permite realizar un seguimiento de una serie de métricas de rendimiento. Esto le ayudará a medir las impresiones (número de veces que se ha mostrado el anuncio), el alcance (número de personas que vieron su anuncio) y la frecuencia (número de veces que los visitantes revisan su anuncio).

Conclusión

Por último, Facebook es la mejor plataforma en línea en la que puedes confiar. Esto se debe a que es sólo el paquete completo. Costos bajos, gran audiencia, múltiples plataformas de marketing, qué más puede pedir realmente.

Sin embargo, para que puedas sacar el máximo provecho de Facebook, tienes que crear un embudo publicitario de Facebook exitoso. Mediante el uso de ClickFunnels, todo este trabajo de crear uno desde cero se puede reducir en gran medida. Esto se debe a que todo lo que tendrá que hacer es sincronizar su embudo de ventas en su ClickFunnel con su página de Facebook.

¡Haz el movimiento inteligente!

Capítulo 13: Por qué el tráfico pagado es el rey

Pagar por el tráfico se ha convertido en una poderosa herramienta para todos los vendedores que lo han estado utilizando. Casi la mitad de las pequeñas y medianas empresas que han entrado en línea siempre consideran las redes sociales como uno de los lugares de marketing efectivos para aventurarse en el uso de los anuncios pertinentes. Lo hace mejor que una larga lista de correo electrónico o el sitio en sí.

Si usted está considerando Facebook como uno de los lugares para pagar, eso es bueno, pero hay numerosas plataformas por ahí para probar. En ClickFunnels, ofrecen sus servicios probando primero su plataforma, pero es de aproximadamente $100 por mes para realmente darse cuenta de lo que pueden hacer por usted. Al pagar ClickFunnels para ayudarle a llevar a cabo negocios en línea, esa es una manera segura de generar tráfico a los embudos que construye allí.

Si usted está buscando más tráfico, algunas de las grandes fuentes para comprobar incluyen:

- Mostrar anuncios como los que aparecen en el lado de las páginas web. En los últimos tiempos, son borrados por el bloqueador de anuncios.

- Búsquedas de pago como lo que ofrece Google AdWords

- Anuncios en redes sociales, como anuncios patrocinados en Facebook, Twitter e Instagram o en YouTube antes de que se reproduzca el vídeo principal.

- Influencers promocionando su producto en varias plataformas en línea.

- Contenido patrocinado en sitios web o revistas que parece que estás patrocinando una marca en particular.

A medida que paga por los servicios de marketing para aumentar el tráfico, podría estar buscando varias opciones como PPC (pago por clic), PPA (pago por adquisición), PPV (pago por vista), o simplemente una tarifa plana para servicios como el pago de una cierta cantidad de tarifa cuando se alcanza una cantidad especificada Objetivo.

Con todas las opciones por ahí que puedes explorar, necesitas comprobar para qué funciona antes de aventurarte. La mezcla del tráfico de pago con la generación de clientes habitual ha hecho que las empresas vayan a lugares. A medida que busquelo lo que necesita pagar, aquí están algunos de los que puede considerar, y verá por qué debe considerarlos.

Google AdWords

Se consideran como algo del pasado para los vendedores, pero sigue siendo una de las enormes fuentes de tráfico. Todos conocemos Google y quién más lo sabe. Por otro lado, llegar a todas estas personas significa pagar más por el costo por clic. La idea aquí es elegir cuidadosamente las palabras clave que sus clientes potenciales utilizarán para buscar y luego pujar un anuncio usándolas para que aparezcan como uno de los primeros resultados de búsqueda, en la parte superior de la página.

Dado que AdWords ha realizado enormes cambios a medida que avanzamos, puede utilizar la función de anuncios de búsqueda dinámicos para personalizar el contenido de su sitio web y en lo que las personas están buscando. De esta forma, no tendrás que jugar con palabras clave siempre que necesites un anuncio de Google.

AdWords le ofrece la oportunidad de ajustar sus pujas en función del dispositivo, dirigirse a los usuarios en una ubicación determinada o en función de la demografía y también reorientar a las personas que han visitado su sitio web antes (Ference, 2017). Si es más específico sobre sus objetivos con AdWords, aumentará sus posibilidades de ganar al final. Antes de averiguar qué funciona para su marca, tendrá que experimentar y mantener registros de los cambios que han traído un efecto positivo.

Aunque la mayoría de las personas ignoran los anuncios de Google, la Red de Display de Google (GDN) puede ponerte por ahí, por lo que también es algo que puedes probar. Sí, la gente te ignorará, pero no puedes rechazar el hecho de que GDN alcanza alrededor del 90% de las personas que visitan Internet

En resumen,

- AdWords ofrece el potencial de llegar a un público más amplio y también remarketing. Es esencial probar y ver lo que funciona para su marca.

- Si tiene éxito en el uso de AdWords, agradezca a la Pantalla de Google el buen trabajo.

Anuncios de Facebook

Cada negocio va a Facebook para mostrar sus productos y servicios, por lo que hay todas las razones para ir allí. Hay un montón de personas que usan Facebook y llegar a ellos puede requerir que pruebe la función de publicidad por $5 y ver lo que sucede.

En los últimos tiempos, Facebook se enfrenta a cambios, lo que significa que puedes elegir dónde quieres que aparezcan tus anuncios. Las opciones incluyen el suministro de noticias, el mensajero o el público. También puede dirigirse a las personas especificando la ubicación, los intereses, el grupo de edad y la ocupación, entre otros aspectos.

Cuando se trata de diseñar los anuncios, puede elegir usar texto, imágenes, presentaciones de diapositivas o un vídeo. Lo bueno de pagar por los anuncios de Facebook es que puedes especificar a quién quieres contactar y qué es exactamente lo que quieres que se enteren de ti. Su campaña puede ser dinámica, pequeña, grande o con ganas de volver a dirigirse a los antiguos clientes. Lo que sea que necesites hacer en Facebook, ahora es factible y cobrar significa que mucha gente te verá.

Otras opciones pueden implicar el uso de anuncios para clientes potenciales de Facebook que permiten a las personas darle su información de contacto o tener enlaces que conducen a su sitio web. Hay mucho que ver y aprender aquí, y hay recursos para ayudarle a administrar las mejores prácticas si aún no es un experto en hacer lo mejor de los anuncios de pago.

En resumen,

- Hay un montón de opciones para probar una vez que pagues por un anuncio en Facebook.

- Necesitas aprender lo que te permitirá en tu camino hacia el éxito.

- Si no sabes lo que estás haciendo, busca ayuda.

Anuncios de LinkedIn

Si estás en el nicho B2B, usar anuncios nativos en LinkedIn es otra forma de pagar por el tráfico. Puedes dirigirte a tus antiguos clientes o visitantes por su contacto, cuenta, título, sector o ubicación geográfica. En cuanto a las opciones de anuncios, puede hacer uso del anuncio de visualización, patrocinando una publicación en el feed principal o utilizando anuncios de InMail.

También puedes obtener formularios de contacto para rellenar como en los anuncios para clientes potenciales de Facebook, pero la mayor ventaja de usar LinkedIn es dirigirte a personas específicas mediante el uso de su información comercial o profesional. Verás, LinkedIn se trata de profesionales, lo que implica que buscarán anuncios y los leerán de una manera 'diferente'. Si tienes una mentalidad de este tipo y quieres explorar esa forma de publicidad, los anuncios de LinkedIn y las fuentes relevantes para las mejores prácticas te ayudarán a hacerlo.

LinkedIn es, sin embargo, caro ya que el costo por clic es de alrededor de $2 y más segmentación comienza en $4.50.

En resumen,

- LinkedIn es para usted si desea resultados en el nicho B2B, los educados, o reclutas
- Es caro, pero definitivamente vale la pena el esfuerzo.

Anuncios de Twitter

De alguna manera es interesante unirse a Twitter porque sólo aquellos que son buenos en él obtienen conversiones. Siempre puedes hacerlo usando la forma orgánica (sin pago) pero la gente siempre desconfía de los anuncios de las marcas en Twitter, y te compararán mucho como parte de Twitter y su cultura. Se sabe que los tweets inoportunos vuelan en las caras de las personas, y no quieres que la gente dé una sensación mixta al respecto. Necesitas entender el reino de Twitter y cómo las personas se preocupan por que conviertas a los clientes en compradores.

Cuando se hace bien, las conversiones aquí son masivas. Según las estadísticas de Twitter, alrededor del 94% de los clientes en Twitter planean comprar algo del próximo negocio que están siguiendo actualmente. El 69% de los clientes han comprado algo que vieron en Twitter. Es por eso que debes considerar pagar por anuncios en Twitter.

Puedes pagar por un solo tweet, tu cuenta, seguir la vista de vídeo o clientes potenciales, entre otros. También puedes elegir tu público mediante la ubicación geográfica, el sexo o los intereses. Twitter ha hecho que las empresas se realicen más conversiones cuando promueven ctas fuertes.

En resumen,

- Puedes conseguir más seguidores gratis si tienes algo que necesitan

- Hay conversiones increíbles cuando pagas por anuncios como una marca próxima

Concluyendo el Capítulo

Hay mucha variación cuando se trata de publicidad pagada, pero mezclarla con métodos orgánicos es una manera probada de aumentar el número de clientes que fluyen por su embudo. Necesitas generar confianza al principio antes de pagar y pedir algo a cambio de tus clientes. En general, cuando gastar dinero para algo digno para los clientes y que cree en él, la hierba es siempre más verde en el otro lado.

Capítulo 14: Por qué su miedo a gastar dinero en marketing es falso

Decidir que va a gastar dinero en un programa de embudo de ventas como lo hice y otras cosas como la publicidad necesitan una razón para hacerlo. Simplemente no te despiertas y decides, y esa es una razón para hacerte vivir con miedo constante mientras tu negocio lucha por ponerse de pie. Enfrentar el hecho de que los cheques siempre fluctuarán como lo hacen las ventas no es algo que muchos se conformarían. Muchas personas se sumergen en aguas no probadas de emprendimiento todos los días. Aún así, la mayoría de ellos abandonarán o cerrarán el negocio ya que su plan no era suficiente o no planeaban nada. Otros, se debe a la falta de financiación adecuada.

Es fácil resolver el problema de planificación, pero las situaciones financieras exigen sacrificio y compromiso, ya que no es fácil. Es posible que tenga acceso a apoyo financiero, pero también necesita tener la mente adecuada al gastarlo. ¿Eres capaz de acaparar o gastas lo que viene? ¿Estás dispuesto a gastar dinero extra cuando lo necesites? ¿Le preocupa gastar demasiado dinero o administrar lo que tiene?

Hoy en día, las empresas están obligadas a fracasar

debido a lo siguiente:

- No quieren gastar en canales de redes sociales con fines publicitarios. Eso limita su exposición.

- No gastar dinero en el desarrollo de nuevos contenidos, productos y servicios para suministrar a clientes potenciales

- No mejorar o gastar para aprender nuevas habilidades en su negocio

- Su sitio web no está a la altura, ya que gastó menos en calidad e imágenes generales

- No invertir en programas que le permitan simplificar su trabajo o hacerlo mejor.

La triste verdad sobre nuestras situaciones financieras es que siempre te estresarán a medida que progreses. La presión de manejar el dinero afecta la forma en que nuestros negocios prosperan cada día. Puedes decir que no puedes permitirte algo que tenga el potencial de llevar tu negocio al siguiente nivel, pero tienes unas vacaciones ya establecidas.

Sacrificar algo para un futuro mejor te da dos cosas:

- El éxito en el futuro cuando todo va según lo planeado o tienes un aumento gradual

- En los pasos que fallas o que te exigen que lo hagas mejor, aprenderás lo que se espera de ti

Cambiar de opinión no es fácil, y es posible que desee mantenerse al menos, pero es necesario si usted está tratando de crecer. Si aún no está en posición de financiar su estrategia financiera, entonces puede considerarlo como un ajetreo lateral hasta que las cosas mejoren. Tomar se tomando su tiempo es esencial cuando las cosas están apretadas.

El éxito y la prosperidad necesitan que superes lo que temes y comiences a hacer espacio para tu presupuesto y tu vida personal. Compromiso en ambos extremos logrará un mejor resultado si planeas y te apegas a él. En los últimos tiempos, he visto la necesidad de aumentar mi presupuesto publicitario en ClickFunnels, lo que significa que incluso puede que necesite ampliar mi cuenta ya que trato con una serie de productos. Además, con la forma en que los clientes están llamando todos los días, la cuestión de ampliar mi espacio me está golpeando más duro, lo que significa que necesito considerar eso. Si tengo que recortar mis gastos para que el negocio florezca, que así sea.

¿Está dispuesto a renunciar a su miedo y centrarse en lo que su negocio necesita para prosperar?

¿Por qué necesitas gastar dinero en marketing?

Tu mensaje significa algo

Puesto que desea convertir clientes potenciales, entonces significa que tiene algo que dar a cambio. Entonces, ¿cómo sabrán de su negocio y lo que significa si no financia los canales necesarios para expresarse? Es necesario utilizar los medios de comunicación disponibles para comercializar y compartir su mensaje. A veces, es posible que debas presentarte en línea para que las personas te conozcan y lo que estás haciendo antes de que sepan cómo conseguirte. Eso ahorra tiempo cuando la gente te consulta por primera vez.

Usted está aprobando ser legítimo

Todo el mundo te juzgará por la apariencia. Si no estás presente en el extremo en línea, es posible que las personas no reconozcan tus esfuerzos. Las estadísticas muestran que alrededor del 95% de los clientes buscan en línea los productos o servicios que necesitan. Cuando inviertes en servicios de marketing, las personas tienen la idea de que estás teniendo éxito en lo que haces. Por lo tanto, buscarán que usted obtenga más información. Aparte de eso, sabrán que su marca realmente existe.

Hay una multitud en Internet

Muchas empresas están aumentando su presencia en línea al igual que millones de clientes están transmitiendo. Una gran cantidad de productos y servicios se están anunciando, y hay una competencia agresiva en aumento. ¿Cómo te conocerá la gente si no inviertes en servicios de marketing atractivos? Necesitas estar en múltiples canales, haciendo cosas diferentes, desde escribir blogs hasta participar en plataformas en línea.

El tiempo es un factor limitante para los vendedores

Hay varias opciones para probar si desea reducir sus esfuerzos de marketing. Si sabes cómo trabajar en un buen sitio web, comercializarlo en las redes sociales y generar listas de correo electrónico, siempre puedes encontrar una manera de hacerlo barato.

Otras veces, incluso con todas las herramientas adecuadas, es posible que no sepa la dirección correcta para tomar. La razón por la que elegí una plataforma como ClickFunnels es que no tuve tiempo de combinar muchos factores que contribuyen a un embudo de ventas efectivo. De esa manera, pude financiar una plataforma que puede ayudarme a trabajar en las mejores prácticas bajo un mismo techo.

Concluyendo el Capítulo

Al abordar su miedo al marketing, no le estoy aconsejando que gaste grandes fragmentos en cada tecnología de lujo por ahí en nombre del marketing. Por otro lado, no dependas de ir gratis en todo lo que estás tratando de hacer. Encuentre un equilibrio entre lo que desea lograr y lo que puede permitirse. Comience poco a poco con algunas estrategias, herramientas y plataformas y luego vea cómo progresará con el paso del tiempo. Es sólo después de progresar que usted sabrá qué ajustar, agregar, o eliminar hasta que esté satisfecho con los resultados.

Capítulo 15: Ejecución de anuncios de Facebook

Facebook tiene muchos seguidores, y es por eso que las empresas están publicitando sus ofertas en la plataforma. Ya has visto anuncios en tu suministro de noticias de las páginas que te gustan y a la gente le gusta y comenta sobre ellos. Debido a las masas de allí, las empresas se están tomando en serio la publicidad en las redes sociales, y las recompensas son enormes.

Es barato lanzar un anuncio de Facebook, y siempre puedes rastrear el éxito viendo cómo estás actuando en tu página. Ya que también puedes optimizarlo, Facebook te da control sobre cómo quieres que sea tu anuncio, pero eso también significa que necesitas saber lo que estás haciendo. Hay negocios que ya han tenido éxito, mientras que otros acaban de desperdiciar dinero.

Si tienes un negocio pequeño y próximo que busca aumentar las ventas en línea, esto es lo que quiero que imagines en la parte posterior de tu mente. Hay una tienda de comercio electrónico que hizo $1500 con 152 compras de Facebook después de gastar $500 en los anuncios. Basado en el dinero gastado, el propietario usó $3.4 para comprar cada cliente.

¿Te parece un buen negocio? Si lo hace, entonces es posible que desee practicar y ver dónde te lleva. Utilizo mi embudo de ventas para llegar a la gente en las redes sociales, y una cosa que he aprendido es que Facebook es una necesidad si quieres hacerte viral por ahí.

Cómo ejecutar anuncios de Facebook

Estos son algunos de los puntos a tener en cuenta a medida que te preparas para publicar tu campaña publicitaria en Facebook.

Tu objetivo como primer líder

Antes de publicar un anuncio de Facebook, debes saber lo que quieres del anuncio. Algunas personas querrán seguidores, otras más participaciones o aumentar la conversión de ventas. Lo que quieras lograr, Facebook puede hacer que eso suceda.

En Facebook, tienes la opción de seleccionar los objetivos de marketing que coincidan con lo que quieres lograr. Si quieres más visitantes a tu sitio web, una campaña de tráfico será buena para ti. Si buscas más ventas, realiza una campaña de conversión. A medida que selecciona sus objetivos, algunos de ellos tienen subcategorías. Esto significa que puede especificar más información sobre cómo desea anunciar su negocio.

Es posible que tu objetivo final no coincida con la forma en que Facebook puede personalizar tu anuncio, pero siempre está cerca de lo que necesitas para tu empresa. Ya sea que necesites asistencia a la conferencia o personas para registrarse para descargas, Facebook te ayudará a hacer exactamente eso.

Para usted, sólo tiene un objetivo claro en mente que determinará cómo funcionarán sus anuncios.

Señalar a tu público

Con 1,28 mil millones de usuarios en Facebook cada día, tienes el potencial de convertir una parte de la población en clientes para tus ventas en línea. Las empresas y los individuos ahora tienen páginas de Facebook, lo que significa que tienes una amplia variedad para elegir.

Con este análisis, no puedes simplemente publicar nada en Facebook y esperar algunas conversiones de ventas. Tienes que ejecutar una campaña publicitaria que tenga el éxito suficiente para convencer a las masas. Facebook te ofrece opciones sobre por dónde empezar.

Puedes elegir comenzar seleccionando la audiencia fría que involucra a todos en Facebook o con lo que ya estás familiarizado: los seguidores de tu página o un público personalizado. Si ya tienes una serie de seguidores con los que puedes trabajar, entonces puedes trabajar para convertirlos en clientes. Esto hace que su anuncio sea familiar para las personas que ya conocen su página y su empresa y están interesadas en lo que está ofreciendo.

Es posible que no tengas demasiados seguidores, pero es posible que tu empresa haya recopilado información de contacto. Puede usar la lista de clientes generada para crear un público personalizado. Facebook te da la opción de subir la lista antes de generar una audiencia que coincida con los usuarios que has emitido. Ahora, la mayoría de las empresas, al iniciar, no tienen demasiados seguidores, y es posible que no tengan una lista de clientes confiable. Si ese es tu caso, comienza a crear tu audiencia usando la opción "Todos".

Cuando se trata de reducir tu audiencia, puede ser bastante engorroso, pero la herramienta Facebook Audience Insights puede ser de servicio para ti. Aquí, comienzas especificando algunos parámetros que pueden incluir dirigirte a personas desde una ubicación determinada y en un grupo de edad específico entre otras opciones. Después de establecer los parámetros de tu público objetivo, puedes empezar a buscar datos relacionados con los seguidores en las páginas de la competencia.

Eso le dará una mejor posición para empezar a apuntar. La información que obtienes de tus competidores son informes recopilados por Facebook y la colaboración de socios externos. La información puede ser útil más adelante cuando desee realizar pruebas A/B o divididas para determinar qué anuncios funcionarán para el bien de su negocio.

Uso de imágenes impresionantes

Una imagen dice más sobre su negocio que sólo contenido puro. Es por eso que sus competidores están utilizando imágenes que nunca antes había visto para captar la atención de su audiencia. La mayoría de los usuarios de Facebook están allí para ver lo que está sucediendo a su alrededor y lo que sus amigos están haciendo. Por lo tanto, si no tienes una imagen llamativa en tu anuncio, los usuarios simplemente se desplazarán hacia abajo en el suministro de noticias para ver un video sobre la fiesta de cumpleaños de un amigo.

Para evitar que los clientes pasen su anuncio, el uso de imágenes claras y de calidad no es una excepción. Si no tienes una buena cámara, es hora de invertir en una o contratar a un profesional para que lo haga por ti. Antes de subir las imágenes, asegúrate de que la edición no incorpore más del 20% del contenido de texto. Más contenido hace que Facebook muestre tu anuncio a menos usuarios. Una cosa más, hacer que sus imágenes relevantes para su negocio.

Dado que Facebook también acepta contenido de vídeo, ¿por qué no grabas uno y lo subes allí? Un video puede hablar más sobre su negocio y ofrece más de lo que una imagen puede hacer. Con una función de reproducción automática, puede captar la atención de los usuarios a medida que se desplazan. Sólo asegúrese de utilizar la función de silencio ya que la mayoría de los videos se ven de esa manera.

De cualquier manera, un vídeo o una imagen te ayudarán a ejecutar una campaña publicitaria exitosa, pero todas tienen que ser claras y brillantes para la vista. Un consejo es usar las caras de las personas ya que nuestros cerebros funcionan mejor en el reconocimiento facial. Si tienes una imagen de una persona que usa tu producto o servicio, eso es mucho mejor.

¿Sabes qué decir?

Los tres primeros puntos te permitirán publicar una campaña publicitaria en Facebook. Sin embargo, debe agregar un mensaje que indique a las personas más acerca de sus productos o servicios. A medida que escribes tu mensaje, debes tener en cuenta los siguientes elementos: un título que capta la atención del usuario, una frase que añade peso a tu anuncio y una llamada a la acción.

Una mayor conversión de clientes requiere que su anuncio tenga palabras de moda como 'gratis' o 'Código promocional'. Si estás haciendo un trato, puedes hacer que la gente se apresure y haga clic más usando palabras como 'Tienes 24 horas para conseguir este trato' o '¡Actuar rápido!' La gente temerá que se les acabe el tiempo y se pierda. Por lo tanto, se unirán a usted tan pronto como vean su anuncio. Si tu anuncio no es urgente, palabras como "Véalo tú mismo" o "Prueba" funcionarán para crear una forma de urgencia.

Si ya sabes qué decir, entonces es hora de enfocarte en lo que no deberías decir. Facebook a veces está atento a los anuncios que utilizan la palabra "Usted" y es posible que no permitan que dichos anuncios se publiquen. Sin embargo, puedes abordareso diciendo "Tu" o "Estás" en los anuncios. Además, asegúrese de que se permite cualquier cosa que esté anunciando ya que no se pueden anunciar productos como armas de fuego. De lo contrario, se producirá el marcado.

No hagas anuncios que suenen como anuncios

Los estudios han demostrado que a la gente no le gustan los anuncios que en realidad suenan como anuncios. Si estás persuadiendo a las personas a través de tus anuncios de Facebook, es más probable que las personas te rechacen. Este punto puede hacerte sentir que no tiene sentido de la publicidad, pero a la gente no le gustará si de hecho suenas como si estuvieras anunciando.

El motivo aquí es hacer que la gente entienda por qué necesitan unirse a usted o comprar de usted. Si conocen los beneficios de hacer clic en tu llamada a la acción, eso te hará ganar más seguidores que anunciar tus ofertas. Es algo común que a la gente no le guste que le digan qué hacer. Por lo tanto, habla sobre de qué se beneficiarán una vez que se unan a ti o sigan tu CTA.

Hacer uso de las pruebas divididas

Hemos hablado de pruebas divididas en el capítulo 10 y de qué se trata. Puedes aplicar las técnicas de la campaña publicitaria de Facebook para saber qué anuncios funcionarán bien en tu página.

Aquí, se trata de crear diferentes variaciones de tu anuncio principal y probar esas variaciones en segmentos divididos de tu audiencia para ver cuál funciona mejor en la entrega de información. También se puede utilizar para probar varias partes de su anuncio para que pueda llegar a la mejor combinación del anuncio final.

Puede comenzar con dos imágenes y dos copias. La variación debe crear 4 anuncios en total para la prueba. Después de probarlos entre sí, ahora puede combinar la mejor combinación de imagen y copia antes de probar otros elementos como titulares y botones. Las pruebas divididas tardan tiempo (días para ser específicos), pero al final verá su valor.

Usar píxeles de conversión

Es una herramienta útil que le ayudará a publicar sus anuncios en Facebook. Un píxel aquí es una pequeña sección de código que puede usar en su sitio web para realizar un seguimiento de las conversiones y volver a dirigirse utilizando sus clientes potenciales. También recopila datos útiles que puedes usar para personalizar tu anuncio para el público objetivo.

La instalación de píxeles de Facebook te ayudará a analizar cómo ven y reaccionan las personas a tus anuncios y al embudo de ventas que estás creando. Puedes ver lo que las personas hicieron clic para llegar a tu sitio web y las páginas en las que hicieron clic una vez que llegaron allí. También puedes saber qué dispositivo usaron para contactarte.

El uso de esta información le ayudará a saber qué anuncios están funcionando en su beneficio, y lo que necesita para ajustar o deshacerse de para más conversiones. Si las personas te están alcanzando más en el móvil que en los ordenadores, puedes trabajar en tu anuncio para favorecer a los usuarios de PDA.

Conecta tus anuncios a tu página de destino

En el capítulo 8, hablamos sobre cómo puede crear una gran página de destino. Si publicas una campaña publicitaria en Facebook, tiene sentido conectar tus anuncios a tu página de destino para obtener más conversiones. Una vez que los usuarios hacen clic en él y van directamente a la página, eso aumentará sus posibilidades de generar más ventas y ampliar su base de clientes.

Publicar anuncios de Facebook es esencial hoy en día, pero también necesitas invertir tu tiempo, dinero y recursos para realizar más conversiones de clientes. Una vez que su plan y objetivo son claros, el resto se trata de poner lo correcto en el lugar correcto. ClickFunnels me ha permitido buscar más clientes y el uso de anuncios de Facebook me ha ayudado a reorientarlos y ampliar mi tasa de conversión.

También utilizo anuncios de Facebook para introducir un nuevo producto que estoy dispuesto a vender y recopilar opiniones de los usuarios al respecto. Eso me ayuda a crear estrategias sobre lo que debo añadir o dejar fuera en mi negocio de ventas.

Capítulo 16: Listas de correo electrónico y por qué necesita uno

Hoy en día, las empresas se están centrando más en las redes sociales que en los correos electrónicos cuando se trata de marketing en línea. Por otro lado, si continuamente está construyendo su embudo de ventas como yo, los contactos de correo electrónico siguen siendo una parte integral de su estrategia de marketing. Por lo tanto, no es tan primitivo como algunos asesores le dirían.

Si desea que sus clientes entiendan a fondo sus productos o servicios, enviarles correos electrónicos al respecto les ayudará a obtener toda la información relevante. También significa que los clientes que convierta se unirán a usted con una decisión informada. Incluso en las redes sociales, cada plataforma requiere que usted tenga una dirección de correo electrónico. Por lo tanto, sigue siendo un ganador aquí.

Las estadísticas muestran que el marketing por correo electrónico produce resultados más altos en roi (retorno de la inversión) que en las redes sociales. Es por eso que vamos a hablar de ello en este capítulo. Para que pueda llevar a cabo una campaña de marketing por correo electrónico, es esencial que haga crecer una lista de correo electrónico. Anteriormente había introducido listas de correo electrónico en el capítulo 4 al discutir por qué necesita una canalización fuerte. Aquí hay una visión sobre ellos que incluye consejos sobre cómo crecer uno.

Lo que implica una lista de correo electrónico

Es simplemente una lista de direcciones de correo electrónico a las que envía información a diario o semanalmente dependiendo de su programación. Cuando se trata de marketing, las listas de correo electrónico se utilizan para distribuir información sobre productos y servicios ofrecidos entre otras actualizaciones por una empresa. Si está suscrito a noticias o información que viene a través de su correo electrónico, significa que ha sido incluido en la lista de correo electrónico del proveedor. Así es como funciona.

En ClickFunnels, puede crear una lista de correo electrónico que puede usar para promocionar su embudo de ventas enviando correos electrónicos sobre nuevos productos, seminarios web o para recopilar vistas sobre algo que desea iniciar. Sea lo que sea que su embudo esté haciendo, ClickFunnels puede ayudarle a recopilar los correos electrónicos y programarlos para boletines informativos e información sobre lo que necesita que sepan.

Si ya tienes un sitio web al que quieres que las personas se unan, hay programas de marketing por correo electrónico que pueden ayudarte a organizar las direcciones de correo electrónico que recopiles para que puedas automatizar el envío de contenido general o personalizar el contenido que se adapte a un grupo particular entre otras capacidades.

Por qué las pequeñas empresas necesitan hacer crecer su lista de correo electrónico

A medida que empiezas, necesitas un público que te ayude a lanzar con éxito y a seguir adelante. Por lo tanto, usted lanza su primer producto o servicio, y la gente está allí para recibirlo. Usted configura un evento y la gente se mete para disfrutar. Al abrir las puertas a la mañana siguiente y a partir de entonces, la gente sabrá que no están solos.

Su teléfono suena cada vez que alguien visita su sitio web, lo que significa que el tráfico está creciendo en ese extremo. Ahora, si toda esta gente viene y no tienes algo que los haga sentir conectados y quedarse contigo cuando están ahí fuera, entonces no estás trabajando en construir una relación con ellos. Si se sienten conectados a usted enviándoles información sobre lo que está haciendo, entonces eso los llevará a actuar más y traer ingresos a su negocio.

No puedes confiar solo en las redes sociales

Tienes la oportunidad de publicar anuncios de Facebook como se describe en el último capítulo o abrir cuentas en otras plataformas de redes sociales. Sin embargo, a menos que los conduzca a su página de destino o a la plataforma de embudo de ventas, en realidad no posee ninguno de sus contactos.

Hacer crecer una lista de correo electrónico te permite encargarte de los mensajes que entregas y de cómo te comunicas con tu público objetivo. Dado que tienes personas con las que puedes contactar, tienes la capacidad de hablar con las únicas personas que están interesadas en comprar tus productos o servicios y asistir a tus eventos. Al enviarles información directamente a su bandeja de entrada, les das la oportunidad de optar de primera mano y recibir información personalizada para ellos y solo para ellos.

Por lo tanto, el uso de una lista de correo electrónico es la mejor manera de convertir a sus suscriptores en clientes y miembros de su sociedad de ventas.

Por qué necesita hacer crecer su lista de correo electrónico

Una vez que entienda lo que una lista de correo electrónico puede hacer por usted, entonces hay una necesidad de mantenerla creciendo. A medida que la lista se amplía, aumentas la probabilidad de que tu público objetivo reciba tus ofertas y otra información general. Más correos electrónicos significan que más personas están llegando a conocerte por ahí y los que ya están allí pueden ser reorientados para futuras transacciones. De esa manera, se está difundiendo que realmente existes.

Un crecimiento continuo en su lista de correo electrónico le permite mantener el ciclo activo y cuantos más prospectos reciban más información de usted, más aumentará sus oportunidades cuando se ponen en contacto con usted.

Puede hacer más con una lista de correo electrónico

Después de obtener una lista de correo electrónico que está creciendo continuamente, puede sor ver cómo puede atraer a su audiencia de manera diferente. A veces, no siempre se trata de ponerse en contacto con sus clientes sobre nuevas ofertas o promocionar algo que sabe que deben tener. Dado que siempre obtendrá una respuesta, comenzará a ver lo que la gente realmente está buscando y lo que quieren. En ese momento, puede abordarlos individualmente centrándose en sus necesidades. Eso será diferente de cómo se pone en contacto con la población más grande.

Una vez que realice un seguimiento de cómo interactúa con los correos electrónicos, puede entender a qué se enfrentan las personas y lo que están deseando resolver. Si centras el negocio de una manera que estarás abordando estos problemas, conocerás el contenido adecuado para enviarlos, para que puedan realizar una compra informada o seguir tu ejemplo.

Dado que no todas las empresas obtienen información sobre sus clientes, puede tomarla como una ventaja sobre sus sustitutos que no confían en mantener los contactos de sus clientes.

Consejos para crear su lista de correo electrónico

Comenzar pronto

Esto no es generalmente un requisito, pero algunos consejos a tomar. Para que usted sea eficaz en la construcción de su lista de correo electrónico, su visión debe sentar terreno tan pronto como se dé cuenta para que pueda pasar más tiempo trabajando en ella. Cuanto antes empieces, más temprano te pongas a trabajar y construir tu plan.

Comienza con aquellos contigo

A medida que empiezas a hacer crecer tu lista, es esencial comenzar con los correos electrónicos que ya tienes. Si tiene correos electrónicos de la campaña de marketing anterior, puede incluirlo en el CRM actual. Si no, entonces usted necesita comenzar a buscar contactos.

Construir un blog increíble

Su lista de correo electrónico se alimentará de información para que los suscriptores aprendan y compren sus productos o servicios. Por lo tanto, los blogs los traerán, educarán a los prospectos sobre lo que está haciendo, y también tendrán la oportunidad de unirse a usted a través de la llamada a las acciones que ha creado.

El contenido tarda tiempo en desarrollarse, pero con el tiempo, vale la pena. A medida que avanzas, crea llamadas para que las personas se suscriban a tus correos electrónicos o se unan a tus eventos si tienes uno. Al obtener su información, un nombre y una dirección de correo electrónico son suficientes. No pida más que eso si está empezando.

Considere tener una suscripción

En el capítulo 7, hablamos de un imán de plomo. Hay personas que no darán su información a menos que estén recibiendo algo valioso a cambio. A medida que continúes creando contenido, ofrece algo que hará que las personas se suscriban a ti. Si aún no tienes idea, vuelve a visitar el capítulo para ver cómo puedes hacerlo.

Añadir una opción de uso compartido

Cuando agregas una función de compartir en tus boletines de correo electrónico y blogs, estableces una forma poderosa de que tus suscriptores distribuyan la información a otros espectadores en Internet. Si su cliente publica un cupón de su negocio o comparte algo que vale la pena considerar, aquellos que ven a su cliente lo verán. Si lo que publicaron les hizo sentirse bien y satisfechos con su negocio, los amigos de su cliente se inclinarán hacia usted. Así es como se obtiene naseados seguidores.

Lo más importante aquí es que ofrezcas algo valioso.

Concluyendo el Capítulo

Si tienes dificultades para crear una lista de correo electrónico, hay docenas de plataformas para ayudarte a hacerlo. ClickFunnels tiene una función integrada que le ayuda a crear y hacer crecer su lista de correo electrónico. Puede personalizar y programar sus blogs como desee aquí, y también ofrece una sala para las pruebas divididas cuando desea probar nuevos productos y servicios.

Capítulo 17: Campañas de goteo por correo electrónico y cómo construirlas

Las campañas de goteo de correo electrónico están dirigidas principalmente a atraer suscriptores que pueden comprometerse con su llamada a la acción. Bombardear a los suscriptores con correos electrónicos que pueden no interesarles tiende a tener un efecto negativo en los resultados previstos. El público tiene todas las cartas en el campo de marketing de hoy. Por lo tanto, es posible que los temas deban ser hechos a medida para ellos.

Es importante lograr un equilibrio entre la creación de una lista de suscriptores y mantenerlos comprometidos. Una campaña de goteo de correo electrónico ayuda a mantener su estrategia de marketing por correo electrónico.

Las campañas automatizadas de marketing por correo electrónico implican el envío de información de marketing preescrita a través de correos electrónicos a clientes potenciales a punto de dirigirlos hacia un punto de conversión dirigido. Se denominan campañas de "goteo" a medida que se realizan durante un período prolongado, proporcionando lentamente valiosas piezas de información a sus suscriptores sobre actualizaciones, nuevos productos y notificaciones que pueden interesarles.

Ejemplo:

Las campañas de goteo de correo electrónico se automatizan en función de los plazos establecidos o de las acciones o inacciones de un suscriptor. Por ejemplo, los correos electrónicos pueden configurarse para enviarse inmediatamente a un usuario que se suscriba a su lista de correo y para las siguientes diez semanas en un día establecido de la semana. En otro caso, un usuario que visita una página de actualización durante un tiempo sin actualizar realmente podría establecerse para recibir un correo electrónico de goteo para explicar más detalladamente en el lado positivo de la actualización.

En otras palabras, las campañas de goteo se utilizan para entregar información crucial al suscriptor en el momento adecuado para darle propina a la conversión empujándolos hacia abajo su embudo de clics.

Cómo configurar una campaña de goteo

Identificar tu público objetivo

Las campañas de goteo exitosas suelen dirigir la información a un conjunto selecto de clientes desglosando la lista de suscriptores en grupos. Es crucial identificar los grupos y los desencadenadores que se utilizarán en la estrategia de su campaña de goteo.

Las campañas de goteo se basan principalmente en dos modos de activación. Por lo general, se les agrega información demográfica de usuario o acciones personalizadas en su sitio web o aplicación (Stych, n.d.).

El seguimiento del comportamiento del usuario es la mejor manera de personalizar las campañas de marketing por correo electrónico con el fin de enviar la información necesaria a los usuarios en el momento adecuado. ¿Es el usuario un cliente leal? ¿Con qué frecuencia compran? ¿Qué están buscando en tu tienda? ¿Es una ganga o una marca en particular? ¿Con qué frecuencia inician sesión?

Determine el problema que resuelve para sus clientes. De esta manera, tus campañas de goteo son más efectivas a medida que se dirigen a ciertos comportamientos.

Debe basar su campaña de goteo en las características de la audiencia, como la frecuencia con la que visitan su sitio web, cuánto tiempo han sido suscriptores, qué tan probablees son para hacer clic en los temas de contenido en su boletín de noticias, su frecuencia en sus páginas de servicio premium o cómo desde hace mucho que han sido clientes.

Crea tu mensaje

Una vez que haya identificado su público objetivo, es importante generar un mensaje útil que capture la atención del usuario. ¿Qué acción piensa que el usuario tome? O qué información pretende sortear al usuario.

Usando estas preguntas como guía, escriba un mensaje claro, procesable y atractivo. No comprometas la voz de tu marca, pero mantén la claridad en tu mensaje.

Planifica tu campaña

Averiguar el flujo de trabajo de toda la campaña desde el primer contacto, soporte a los usuarios y ventas. Mientras tanto, tu campaña debe tener un conjunto de objetivos con una estrategia bien planificada de cuantificar tus resultados.

Usted podría responder al conjunto de preguntas a continuación para lograr esto:

1) *¿Cuántos correos electrónicos debo enviar, cuándo y en qué orden?*

La secuencia en la que envía correos electrónicos a un nuevo usuario desempeña un papel importante en la participación del usuario y mantener su atención. Es crucial que considere el momento de los correos electrónicos, la cantidad de información y las razones por las que el usuario puede requerir esta información.

2) ¿Los desencadenadores se alinean con mi mensaje?

Los correos electrónicos recibidos por los usuarios siempre deben ser aplicables a ellos en ese momento. Es molesto obtener un cupón de correo electrónico para un producto ya comprado, o un correo electrónico de venta detallado inmediatamente después de registrarse. Cada correo electrónico de campaña de goteo debe corresponder al desencadenador según lo establecido.

3) ¿Cómo puedo medir mi éxito?

En esta etapa, la razón detrás de la configuración de la campaña de goteo ya está determinada. Pueden variar desde la adquisición de clientes, la participación de los suscriptores para educarlos de productos y actualizaciones recién lanzados. Puede elegir los medios para medir su progreso en un conjunto predeterminado de objetivos. Considere la tasa de rebote, la tasa de clics, las conversiones o el tiempo en el sitio. Los medios de medición determinados siempre deben reflejar la razón detrás de su campaña.

Inicia tu campaña

Comienza a enviar tus mensajes inmediatamente después de diseñar una estrategia para tu campaña. Usted puede comprar un producto listo para usar para que se ejecute en cuestión de minutos o podría llegar a un software de goteo personalizado.

Evaluar y ajustar

Se requiere supervisión aunque su campaña de goteo esté automatizada. La estrategia y las subsecciones de usuario deben reajustarse en función de los resultados que desee lograr. Podrías reescribir tus acciones personalizadas para lograr la frecuencia de clics que buscas. Aumente el aspecto educativo de su correo electrónico de cierre de venta para ellos para lograr la tasa de conversión deseada al pedir al usuario que tire del gatillo. Siga evaluando, ajuste en consecuencia y repita el ciclo.

Concluyendo el Capítulo

En conclusión, es posible que deba entender lo que es una campaña de goteo de correo electrónico con el fin de lograr los mejores resultados. No sólo implica correos electrónicos preescritos, sino que se envían a través de una línea de tiempo preestablecida por lo general siguiendo ciertos desencadenadores en su sitio web. No es necesario configurarlo desde cero. Puedes comprar una campaña de goteo automatizada para evitar el ajetreo de tener que aprender a hacerlo. Los pasos para configurar una campaña de goteo son; identificar a su público objetivo, escribir su mensaje, tener un plan bien diseñado para su campaña, comenzar su campaña y, por último, evaluar el progreso y ajustar en consecuencia.

Capítulo 18: Planea involucrar a tu audiencia

La creación de contenido atractivo es tan importante como crear suficiente contenido en marketing. La interacción con el contenido crea tráfico para tu sitio al mantenerlos conectados a tu contenido. No es tan fácil como parece.

Los usuarios solo estarán interesados si su contenido es lo que necesitan. Proporcionar el contenido adecuado a las personas adecuadas en el momento adecuado es vital para mantener a su audiencia comprometida. No sólo debe ser bueno, sino apelar a los dolores o placeres de las personas. Como estrategia de marketing, es importante saber lo que su público objetivo está buscando. Haz su vida más fácil resolviendo uno de sus problemas y ganarse sus corazones.

Cómo impulsar el compromiso

En el embudo de ventas, la interacción suele estar en la parte superior y en la mitad. Por lo tanto, las estrategias de interacción, como los descuentos y las promociones, atraen la repetición y el nuevo tráfico. El compromiso requiere principalmente conservar la calidad y destacar entre la multitud de noticias. Esto puede resultar ser un desafío incluso para los mejores de nosotros. Estos son algunos consejos para la participación del cliente y también la recontratación.

Adquiera un profundo conocimiento de sus plataformas

En una búsqueda para entender a tu audiencia y su comportamiento, debes entender las plataformas que visitan y por qué las visitan. De esta manera usted puede interactuar con ellos mejor como usted sabe lo que están haciendo en estas plataformas.

Las encuestas y encuestas de diseño único son una excelente manera de conseguir que su audiencia le ofrezca información crucial. Los boletines de noticias por correo electrónico se pueden combinar con cuestionarios para recopilar datos tanto para la interacción como para la re-participación. Si tienes como objetivo volver a participar, es importante cambiar las preguntas para evitar aburrir a tu audiencia.

El motivo no se limita a averiguar sobre la audiencia, sino también a registrar el sentido de cuándo (en tiempo real) y cómo se involucran. Saber cuándo y cómo responde la audiencia a las encuestas puede ser tan informativo como las respuestas en sí.

Micro-Momentos Importan

Básicamente, los micromomentos son los puntos de contacto definitorios de cada etapa del proceso de toma de decisiones que conducen a la compra. Hoy en día, las personas son rápidas para tomar una decisión, y no tienden a estar basadas en la ubicación.

Las empresas están siendo sorprendidas para capturar las decisiones de los consumidores en el momento. Esto está impulsando a las empresas a tomar decisiones rápidas sobre los productos sin pensar mucho en la motivación detrás de las decisiones de compra de los clientes. Puede adelantarse a esto abordando las necesidades de los clientes optimizando el contenido a través de consultas.

Las tasas de rebote (compras en las ventanas) pueden darte una idea de cómo se comportan los consumidores, como cuando comparan los precios con tus competidores antes de realizar una compra. No se olvide de prestar mucha atención a los números basados en móviles para comprender completamente la intensidad de las acciones de micro-momento a medida que suceden.

Usar estrategias de seguimiento de datos de clientes

El re-compromiso se reduce a dedicar su atención de la primera ronda de clientes. Conseguir suscriptores para sus boletines informativos e inscribirlos en programas le da una idea de sus deseos y necesidades. Esto le permite cepillar las posibles estrategias para la re-participación.

Esto no debe depender de realizar ventas, sino de hacer que el usuario que interactúa con su negocio tenga una experiencia valiosa. Podría ser tan simple como configurar una tarjeta de "puntos". La oportunidad de una recompensa sin gastar mucho dinero a medida que experimentan su sitio podría resultar lo suficientemente incentivo.

Comprender el viaje de su cliente paso a paso puede arrojar algo de luz sobre una fuga en su embudo de ventas. Al realizar un seguimiento de los datos de sus clientes, puede volver a atraer a los visitantes anteriores e involucrar a nuevo tráfico, por lo tanto, corregir cualquier caída del tráfico.

Sea consistente y conserve el valor

La confianza adquirida a través de la coherencia mantiene la participación al mantener la lealtad y el conocimiento de la marca. Mantenga la coherencia en su plan de marketing. Involucre a su audiencia con actividades complementarias y, al mismo tiempo, ofreciéndoles valiosos incentivos.

Ofrezca información importante regularmente, ya que la consistencia es clave. Blogging de forma regular mantiene a su audiencia en el bucle para obtener información valiosa. Recuerde compartir esto en sus canales.

Debe esforzarse por estar por delante de sus competidores, incluso en su valor informativo. Ir un paso más allá al proporcionar un servicio o un producto a su audiencia. Por ejemplo, en lugar de proporcionar a su público objetivo solo consejos por qué no vincularlos a otros recursos o herramientas gratuitas diseñadas por usted.

Enfoque en la segmentación

Cuando planifiques tu campaña de marketing por goteo, comienza en objetivos basados en diferentes segmentos de audiencia. Es probable que ciertos datos demográficos afecten a su estrategia general.

Concéntrese en los segmentos de clientes más valiosos. Esto implica clientes que pueden regresar y que es probable que gasten dinero. Agrupa a tus clientes según los canales, como las compras que se realizan a través de tu aplicación móvil.

Objetivo objetivos realistas y específicos que estén en línea con la promoción de su negocio. Deben centrarse en indicadores de rendimiento medibles que van más allá de sus beneficios. Esto, sin embargo, no debería hacer que establezca objetivos poco realistas. Sus objetivos deben establecerse con una línea de tiempo y deben tener puntos accesibles establecidos en línea con sus estrategias de marketing.

Volver a apuntar para volver a participar

No se sienta cómodo cuando registre mucho tráfico. Aplique el retargeting de marketing digital como un medio para mantener a su audiencia comprometida. Considera la posibilidad de adquirir anuncios de display para públicoo o clientes anteriores.

Tenga en cuenta los siguientes punteros en la reorientación:

- Céntrese en el tráfico a páginas web específicas. Identifique los intereses de su audiencia para saber lo que quiere y entregueles información personalizada.

- Ofrezca diferentes anuncios. Mantenga el aspecto de los anuncios, pero asegúrese de que tiene diferentes formatos o tamaños. Esto aumenta las posibilidades de captar la atención de tu audiencia.

- Considere la posibilidad de configurar el píxel de retargeting como parte de su firma de correo electrónico. Sigue el píxel en función del grupo de suscriptores que los haya abierto. Esto le garantiza identificar a las partes interesadas de su producto.

Cuando vuelva a dirigirse a la reactivación, evite salir tan celoso, ya que puede ser un apagado para sus clientes. No te adelante.

Una vez que alcances un determinado seguimiento para tu blog de negocios o sitio web, es importante mantener la interacción de tu público objetivo. Hay ciertos consejos para aumentar la participación de su lector. Lo son; tener una mejor comprensión de las plataformas de medios sociales para darle información sobre los lectores, prestar atención a los micro-momentos, emplear estrategias de seguimiento de datos de los usuarios, mantenerse consistente y con el objetivo de proporcionar el mejor valor, centrarse en segmentos o grupos de los lectores, se esfuercen por volver a atraer a su audiencia reorientando su estrategia de marketing.

Capítulo 19: Construir relaciones

En los últimos años, todo lo que se necesitaba para lograr el éxito en la industria empresarial era un producto atractivo con un gran precio. Sin embargo, la industria de los negocios hoy en día ha evolucionado y ahora es un juego de pelota completamente nuevo. Esto se debe a que hoy en día, usted debe construir una relación con sus consumidores para tener éxito en su empresa. Aquí es donde entra en juego la venta de relaciones.

La venta de relaciones se centra principalmente en la calidad de la relación construida entre el comprador y el vendedor. Esto, por lo tanto, significa que al crear su embudo de ventas, debe crearlo de una manera que fomente esta relación.

Por lo tanto, en cuanto a crear un embudo de este tipo, se necesita mucho esfuerzo. Sin embargo, con ClickFunnels, puede ser mucho más simple. ClickFunnels ayuda a crear un embudo de ventas que fomenta su relación con sus consumidores, ya que tiene embudos precompilados que tienen características como:

- Una página web de suscripción que le ayuda a acumular direcciones de correo electrónico de sus consumidores

- Un auto-responder de correo electrónico que envía correos electrónicos a sus consumidores

En resumen, ClickFunnels proporciona todas las características esenciales que le facilitarán la comunicación con sus clientes y así construir una buena relación.

Para entender mejor el papel de un embudo de ventas en la creación de relaciones, a continuación se muestra la anatomía de un embudo de ventas y el papel que cada etapa desempeña en la creación de relaciones.

Etapa 1: Conciencia

- *Estado principal:* Saben acerca de su negocio y lo que está ofreciendo.

- *Su objetivo: Proporcionar algo que los traerá de* vuelta.

Entonces, ¿cómo les das una razón para volver? Esto es capturando su interés. Esto es tal vez dejando que te conozcan mejor. Comparte contenido útil, interesante y relevante en el blog de tu empresa o en las plataformas de redes sociales. Comience a generar confianza con el contenido compartido.

La confianza es el primer paso hacia un cliente que quiere comprarle. Sin él, fracasarás.

Etapa 2: Lograr el interés y la evaluación

- *Estado principal:* Usted tiene su atención y ahora están sopesando opciones sobre sus ofertas.

- *Su objetivo:* Averiguar lo que consideran y lo que necesitan para lograr. Muéstrales que tienes una solución a lo que están descubriendo.

En este paso, tratará de convencer a los prospectos de que puede proporcionar lo que necesiten. Para ello, debe obtener la información de contacto de sus clientes potenciales para que pueda comenzar a formar una relación con ellos. Una vez que tenga sus datos de contacto, ahora puede enviarles contenido más específico. Esto puede incluir videos de demostración o incluso pruebas gratuitas.

También puede ir un paso más allá para responder a cualquier pregunta que puedan tener tal vez mediante la configuración de una llamada. Esto ayudará porque ahora confiarán en ti mucho más.

Etapa 3: Ganar confianza

- *Estado principal:* Les gusta su solución y les gustaría probarlo.

- *Tu objetivo:* Muéstrales la forma de comprar.

En esta etapa, su cliente potencial ya está listo para dar el gran paso de la compra de su producto. Por lo tanto, hacer que hacerlo sea lo más fácil posible para ellos. Este sería el mejor momento para tal vez presentar comentarios positivos de clientes anteriores o tal vez ofrecer envío gratuito para ellos.

Etapa 4: Acción

- *Estado principal: Están a punto de* convertirse en clientes de pago. Esta gente está lista para comprometerse.

- *Su objetivo:* Sellar el trato.

Una vez que sus clientes potenciales hayan comprado su producto, le gustaría mantenerlos como sus clientes comprometidos. Esto significa que, por lo tanto, debe reforzar su confianza en su decisión de trabajar con usted. Enviarles un correo electrónico de bienvenida con consejos de implementación para su nuevo producto o servicio puede ser una buena manera de mantener las cosas fluyendo.

Es vital administrar su embudo de ventas ya que estamos viviendo en una era de relaciones

Los consumidores suelen buscar relaciones positivas con las empresas con las que hacen negocios, y cómo administra su embudo de ventas se vincula directamente con la forma en que su empresa está configurada para crear estas relaciones positivas con los clientes.

Gestión del embudo de ventas como un gurú

Simplificar el embudo

Mantenga su embudo de ventas corto. Puede hacerlo eliminando quizás cualquier bloqueo y eliminar cualquier paso o redundancia adicional en su embudo de conversión. Algunos ejemplos de los bloqueos pueden ser como:

- Tener pocas opciones de compra para el cliente o una mala propagación de la política de reembolso, haciendo que el cliente abandone el carrito

- Sus ventas están tardando demasiado en procesarse y eso hace que los clientes potenciales pierdan interés ya que hay demasiados pasos a seguir

Si no está seguro sobre el paso a eliminar, pregúntese qué valor es ese paso para el proceso de ventas. Si tiene problemas para obtener una respuesta, probablemente puede eliminarla.

Enfoque en las relaciones

Tanto como la creación de relaciones con los clientes es una parte fundamental de su negocio, debe trabajar inteligentemente en lugar de duro para lograrlo. Esto es centrándose en los clientes potenciales más prometedores que invertir en todo el lote.

Esto puede ser difícil, pero es parte del viaje de hacer una venta exitosa. Por lo tanto, configure su embudo de ventas de una manera que pueda servir como una máquina de venta automática para su negocio mediante la búsqueda de los clientes potenciales más calificados.

Establecer metas medibles

Establezca los objetivos de su embudo de ventas. Esto puede ser como el crecimiento de los ingresos, el aumento de su base de clientes o incluso algo más en conjunto.

Esto le ayudará a cuantificar fácilmente sus esfuerzos de ventas.

Concluyendo el capítulo

En conclusión, la venta de relaciones es un factor importante que debe incorporar al crear un embudo de ventas. Con la ayuda de ClickFunnels, puede crear un embudo de ventas que le permita fomentar su relación con sus consumidores. Esto se debe a que ClickFunnels proporciona características esenciales que mejorarán su comunicación con sus clientes en cada paso del embudo de ventas.

Además de eso, debe aprender a administrar su embudo de ventas. Esto se debe a que la forma en que administra el embudo de ventas determina cómo se configura su negocio para crear relaciones positivas con los consumidores.

Capítulo 20: conviértete en la autoridad en tu área

Como emprendedor, a veces te preguntas si hay un método que puedes usar para que para cada producto que tu marca lo venda sea comprado por cada visitante. Desafortunadamente, no hay un método probado para hacer esto una realidad. Sin embargo, hay algo que puede ayudar con esto. Se llama ser una autoridad en un tema.

Ser una autoridad en un tema se trata de tener la autoridad sobre un tema específico. Esto le hará ganar se gana la confianza y la confianza de sus visitantes y lectores.

¿Cuál es el principio de la autoridad?

Más a menudo que no, por lo general es probable que sea persuadido para completar una acción por una persona que usted ve está en una posición de poder en ese momento. Por ejemplo, se verá obligado a detener su coche si un oficial de policía le pide que lo haga a diferencia de cuando un extraño le pide que haga lo mismo. Esto se debe a que usted cree que esta fuente creíble debe tener en mente sus mejores intereses. Este es el poder de un principio de autoridad. Sin embargo, un principio de autoridad no requiere que una persona osase un puesto de poder como un oficial de policía. También puede provenir de otras señales.

Para crear un embudo de ventas que construya su autoridad, tendrá que poner un gran esfuerzo. Sin embargo, con ClickFunnels, toda esta carga de trabajo se puede reducir considerablemente. Esto se debe a que puede integrar algunas plataformas en su embudo de ventas en ClickFunnels que le ayudarán con la mayor parte del trabajo.

Con todo esto dicho, la pregunta sigue siendo, ¿cómo puede utilizar la autoridad en su sitio de comercio electrónico? Estas son algunas maneras que pueden ayudar con eso.

Cómo puedes convertirte en una autoridad

Conocimiento

Esto es bastante sencillo. Usted debe saber acerca de un tema para que usted obtenga la autoridad en él. Por lo tanto, en su embudo de ventas, muestre su conocimiento de un tema. Esto puede ser a través de la escritura de sus credenciales académicas y también tal vez su experiencia.

Además de eso, asegúrese de respaldar sus conocimientos con fuentes de terceros le gustan las referencias a estudios y también tal vez citas de otras fuentes autorizadas.

Proporcionar contenido gratuito

Proporcionar contenido gratuito puede ser realmente un impulso para que obtengas autoridad sobre un tema. Sin embargo, este contenido debe estar relacionado con su producto principal. Este contenido puede ser en forma de libros electrónicos, infografías, listas de verificación o cualquier otra información que agregue valor a su audiencia. Al hacer esto, usted cosechará un gran número de beneficios como:

- Usted será capaz de probar un producto en su mercado y también medir los resultados con el primer material

- Construirás una relación más estrecha con tu audiencia y también aumentarás tu presencia en línea

Una cosa a tener en cuenta es que aunque el contenido es libre, debe tener calidad y debe ser útil para los consumidores.

Con la ayuda de ClickFunnels podrás integrar una plataforma como Kajabi que permitirá descargas de archivos.

Tener una presencia activa en las redes sociales

Las plataformas de redes sociales pueden ser canales muy informativos que pueden ayudarle a obtener la autoridad sobre un tema.

Para empezar, puede comenzar determinando primero la plataforma de medios sociales que es utilizada por su persona. A continuación, haga estrategias para estos canales específicos. El secreto aquí es especializarse en algunas plataformas en lugar de abrir cuentas en todas las plataformas. Esto le ayudará a enfocar y proporcionar contenido de calidad en estas plataformas. También debe mantener sus canales actualizados y comunicarse siempre con sus seguidores.

Con ClickFunnels, puede sincronizar su embudo de ventas con la plataforma de redes sociales de su elección con un solo clic.

Responder a las críticas

Con autoridad viene la crítica.

Cuando está en autoridad, debe haber algunas personas que deben criticarte. Estas personas pueden ser una molestia y usted podría sentir la necesidad de ignorarlos. Sin embargo, la mejor manera de abordar la crítica es afrontarla. Responde a esos críticos. Esto se debe a que si la gente descubre que no les estás respondiendo, podrían pensar que eres débil. Esto puede hacer que pierdas tu estatus de autoridad (Bulygo, 2019).

Sin embargo, esto no significa que deba iniciar discusiones con sus críticos. Usted debe responder a ellos en una oportuna y educadamente. No deje sin que las críticas se comprueben.

Con ClickFunnels, se le proporciona una plataforma que puede utilizar para comunicarse con sus críticos. Esto se debe a que puede integrar una plataforma como Twilio en ClickFunnels. Twilio ayudará a hacer y recibir llamadas y también a enviar mensajes de texto.

Construir asociaciones con otros sitios web

Al crecer junto con la gente, puedes ir muy lejos con tu negocio. Por lo tanto, encontrar sitios web que comparten el mismo tema que usted y asociarse con ellos. Ofrezca algunos de sus artículos a ellos y también haga algo de espacio en su sitio web para que otros sitios web puedan hacer lo mismo. Al hacer esto, fortaleces tu nombre en otros canales; esto definitivamente aumentará su poder autorizado.

Siempre sé honesto

Como persona con autoridad, debe saber que sus consumidores examinan cada palabra. Por lo tanto, asegúrese de proporcionar datos y logros reales. Si aún no has hecho grandes logros, es mejor proporcionar algunos resultados pequeños en lugar de inventar logros.

Concluyendo el Capítulo

Por último, tener la autoridad en un tema realmente puede ser de ayuda para su negocio. Sin embargo, la cosa con esto es que usted no gana poder autorizado de la noche a la mañana. Se necesita mucho tiempo y usted debe poner en un montón de esfuerzo en la construcción de un embudo de ventas que hará crecer su poder autorizado. Sin embargo, con ClickFunnels, este trabajo se puede reducir considerablemente.

Así que, ¡concéntrate!

Capítulo 21: Convierte tus clientes potenciales

Uno de los objetivos al construir un embudo de ventas es obtener nuevos clientes potenciales. De cualquier manera, que los consigas, siempre son importantes cuando haces crecer tu negocio. El problema llega cuando necesita convertir sus clientes potenciales en ventas y generar ingresos. Si usted o su equipo tienen dificultades para seguir los clientes potenciales que obtiene en línea, entonces usted no está haciendo lo suficiente y eso significa que no hay ventas.

Al comercializar, mido el éxito de los clientes potenciales al ver cómo se están convirtiendo en mi embudo. Si alguien llama para un pedido o descarga un PDF que acabo de anunciar, entonces mis clientes potenciales están funcionando. Puede tomarte varias semanas llegar a tal punto y mientras lo haces, es posible perder interés.

La forma de hacer un seguimiento de sus clientes potenciales es esencial para su crecimiento. Un seguimiento lento dañará su estrategia, mientras que una rápida conducirá a algunas ventas si lo hace bien.

Cómo convertir clientes potenciales en ventas

Los conductores no pueden esperar

Los plomos son como flores frescas; que can't esperar hasta el día siguiente sin el mantenimiento adecuado. En realidad, el nivel de interés se pierde dentro de la primera hora después de la reserva. Si no responde, es posible que el cliente haya encontrado a alguien mejor para suministrar lo mismo. Eso requiere tener rutinas internas que le aseguren manejar los clientes potenciales que vienen en todo momento.

Si diriges los clientes potenciales a tu bandeja de entrada personal, es posible que te salte debido a una sobrecarga o puedes olvidarte si tienes tanto que hacer. Por lo tanto, es apropiado enviar sus clientes potenciales a un correo electrónico de negocioo o empresa donde otra persona pueda verlos y manejarlos en su nombre. Puede utilizar un software de servicio al cliente cuando sea necesario para asegurarse de que maneja a todos los clientes que entren.

Califique sus clientes potenciales en línea

Aquí, debe clasificar sus clientes potenciales en MQL (Marketing Qualified Leads) y SQL (Sales Qualified

Leads) si desea aumentar la tasa de conversión (Bendorf, 2019). Todos los miembros de cada uno de los grupos con nombre se encuentra en una etapa diferente del embudo de ventas. Esto significa que necesita enfoques diferentes al tratar con estos clientes.

Si alguien acaba de descargar una suscripción gratuita o simplemente se unió a su canal, entonces significa que necesita más información sobre lo que haces. Tal persona está en la etapa MQL. No se puede someter a un cliente de este tipo con tácticas de venta dura, ya que pueden preocuparse o aburrirse.

En cuanto a los SQL, estas son las personas que ya te conocen y están listas para conocerte o comprarte. Esos son los que requieren su atención tan pronto como se ponen en contacto con usted, ya que podría estar cerrando un trato pronto.

Si logra separar a sus suscriptores en los dos grupos, sabrá dónde se encuentra cada cliente en relación con su embudo de ventas. Cuando se trata de involucrarlos, usted sabrá quién necesita más información sobre su marca y quién necesita las tácticas de ventas.

Estratega a su equipo de ventas para que actúe rápidamente

Está bien si decide dividir su equipo de ventas en dos categorías. Un grupo se encargará de los clientes que ya se hayan unido a usted mientras el resto se encarga de las nuevas tomas. Si bien eso es importante, lo que necesita centrarse es en cómo su equipo de ventas mueve las ventas y a qué ritmo. Por lo tanto, el proceso que cree es de suma importancia.

Esto también se aplica a todos los departamentos del embudo de ventas. Al tratar con el manejo interno, tenga en cuenta lo siguiente:

- ¿Cómo manejas tus primeros contactos? ¿Por teléfono o correo electrónico?

- ¿Cómo se recopila la información de contacto?

- ¿En qué momento consideras que una pista se ha convertido en una venta?

- ¿Cómo haces un seguimiento de la actividad diaria?

Seguimiento de sus clientes potenciales

Cuando usted tiene un nuevo contacto y usted no es capaz de alcanzarlos, usted no debe darse por vencita en ese momento. Puedes intentar llamarlos en otro momento, ya que podrían estar ocupados cuando intentaste llegar la primera vez.

Aumentar sus conexiones incluso en el punto de venta también es necesario. Al llamar para una transacción de ventas, puede preguntar al cliente si puede agregarlos a su lista de correo electrónico. De esa manera, puede mantenerse en contacto incluso después de la venta. A veces, usar demasiadas tácticas de ventas en un cliente suena duro. Por otro lado, el seguimiento se asegura de que su marca se está convirtiendo en un nombre familiar. Eso puede aumentar las conversiones cuando los prospectos están listos.

Escuchar lo que las perspectivas tienen que decir

A medida que se centra en convertir sus clientes potenciales en clientes, es esencial escuchar sus preocupaciones e inquietudes. A veces, es mejor cuando sales de tus metas y te ocupas de lo que tu cliente tiene que decir. Podrían estar preocupados por un obstáculo o algo que no pueden encontrar.

Escuchar le ayudará a abordar lo que el cliente necesita, educar sobre lo que su marca se trata, y cómo su producto puede resolver el problema.

Usar datos para realizar un análisis

Los datos le ayudan a ver el rendimiento de su negocio, lo que significa que estará observando cómo se están convirtiendo sus clientes potenciales. Utilice un software de análisis para crear un panel que muestre cómo los clientes potenciales se unen a su CRM en cada categoría de embudo de ventas. Una vez que compare la entrada con la salida, puede saber dónde lidiar con las fugas en el embudo. Centrarse en los clientes potenciales que no se convierten aumentará la probabilidad de conversión.

ClickFunnels le proporciona una página de análisis que veo a través de una pantalla grande para ver el rendimiento de las ventas. Se actualiza en tiempo real, así que, siempre veo quién está llegando y cuántas llamadas recibo cada día. También reflexiona sobre el porcentaje de aumento o caída de las ventas. De esa manera, soy capaz de generar nuevas ideas y reparar donde las cosas no van tan bien.

Concluyendo el Capítulo

Convertir clientes potenciales en ventas no es fácil y le llevará días realizar su primera conversión si es nuevo en el negocio. Tómese su tiempo y actúe rápido en cada nuevo plomo que venga. Cuando las ventas no se convierten como se esperaba, tener un sistema de recopilación de datos le ayudará a señalar qué áreas necesitan perfección. Cuando sigas los consejos anteriores, las cosas serán fluidas a medida que progreses.

Capítulo 22: Necesita un sistema para su embudo de ventas

Por ahora, usted entiende cómo funciona un embudo de ventas y si todavía lo tiene en teoría, es el momento de comprobar lo que ClickFunnels tiene en la tienda para usted. Es posible construir su embudo de ventas desde cero, pero la combinación de su sitio web todos los demás servicios que necesita para que sea eficaz es engorroso.

Se supone que el embudo de ventas guiará a sus clientes potenciales a través del proceso de compra y les ayude a tomar una decisión utilizando todas las estrategias y tácticas de las que ya he hablado en los capítulos anteriores. ¿Cuánto tiempo crees que te llevará unirte a cada pieza y módulo que necesites antes de empezar a realizar algunas conversiones?

¿Qué diferencia a un embudo de ventas de su sitio web?

Su sitio web es sólo una pieza del rompecabezas largo. No puedes empezar a convertir clientes potenciales en ventas creando un sitio web con algunas entradas de blog y terminar las cosas allí. Necesita una estrategia que organice su conversión de ventas en una serie de pasos con el sitio como base principal.

Debes considerar cómo agregar enlaces a fuentes relevantes a tus blogs, incluir algunas CTA procesables y una suscripción para aquellos que deseen unirse a tu marca. Todo esto está destinado a mover los prospectos de una fase de su embudo de ventas a la siguiente. Ya ha visto los pasos en un embudo de ventas y todos los clientes entran en las diferentes categorías. Por lo tanto, necesitan mecanismos diferentes a la hora de abordar sus preocupaciones.

El seguimiento de sus clientes requiere que tenga su información de contacto. Eso significa que ahora está considerando una larga lista de correo electrónico que utilizará para enviarles información sobre su negocio y el proceso de compra. En la parte superior del embudo, también está deseando aumentar su tráfico mediante el uso de plataformas de medios sociales. Por lo tanto, usted tiene páginas de Facebook e Instagram entre otros para hacerse cargo de eso.

Al hacer el seguimiento, algo como una lista de correo electrónico se convierte en una parte esencial de su embudo de ventas. Tiene una serie de pasos a tener en cuenta desde cuando las personas se unen a su plataforma a cuando están considerando comprar de usted y también los servicios post-venta.

Con todo eso, por lo tanto, es crucial construir un embudo de ventas desde una vista angular en lugar de tener todo separado y son sólo sus esfuerzos mantener todo unido. Un embudo de ventas hará que todo sea automático ya que está controlando todo desde un solo punto.

Razones por las que necesita un sistema de embudo de ventas

Con la discusión anterior en mente, aquí es por qué necesita un embudo de ventas automatizado:

Usted será capaz de centrarse en sus clientes potenciales

Un sistema de embudo de ventas le permitirá ver los clientes potenciales en los que necesita trabajar. Puesto que todo está en el sistema, usted tiene el tiempo y los recursos para ver qué clientes potenciales son propensos a convertir en lugar de perseguir a las personas que aún no están listas. El sistema le permite añadir pasos preliminares que le permitirán ver el mejor método para interactuar con sus clientes potenciales. De esa manera, usted descubrirá quién quiere sus productos o servicios y quién aún no ha tomado una decisión firme.

Clasificación organizada de clientes

Un sistema de embudo de ventas en línea le ayudará a clasificar a sus clientes potenciales en consecuencia.

Le permite ordenar y evaluar dónde se encuentran sus clientes en el embudo de ventas. Eso le ayudará a saber quién requiere su acción inmediata y quién es probable que realice una compra. También estarás en posición de separar a los nuevos clientes y a los antiguos para que puedas concentrarte en alimentar a los nuevos con información sobre lo que la necesidad de saber y hacer.

Un sistema le ayudará a cuidar de los clientes potenciales a largo plazo

Si usted está en el negocio B2B, ya sabe que las ventas pueden tomar tiempo antes de obtener un comprador adecuado. Dado que necesita coherencia en sus esfuerzos, un embudo de ventas le ayudará a creareso para que su período de interacción sea fluido a medida que busca convertir. En resumen, un embudo de ventas le ayudará a nutrir sus clientes potenciales teniendo una manera de hacer un seguimiento hasta llegar a la fase de compra.

Atraer clientes potenciales que le ayudarán a hacer crecer su negocio

Una vez que trabaje en su embudo de ventas con el contenido adecuado, entre otras cosas, que le ayudarán a convertir, un embudo de ventas atrae clientes potenciales que coinciden con sus objetivos de negocio. El mundo de hoy está lleno de competidores y nuevos negocios que tratan de hacer algo de sí mismos. Dado que es difícil seguir todos los clientes potenciales que se le presentan, un embudo de ventas le ayudará a centrarse solo en los clientes potenciales que es probable que se conviertan. También significa que usted está en posición de hablar con sus clientes potenciales directamente y abordar el problema en cuestión.

Además, solo necesitas clientes potenciales que funcionen para ti y no para todos los clientes potenciales.

El embudo de ventas le ayuda a recopilar datos útiles

Por último, un sistema de embudo de ventas ayudará a recopilar información sobre el rendimiento de sus ventas. Por un lado, usted está recibiendo clientes mientras que en el otro, hay aquellos que terminarán comprando de usted y otros no lo harán. El número de clientes que convierte es crucial para conocer su posición cuando se trata de la cantidad de ventas generadas. Todos esos datos están disponibles si tiene un sistema para ello.

Los datos le ayudarán a sellar las fugas en su canalización de ventas y también a formar una relación de trabajo con sus clientes más cercanos. También le ayudará a hacer predicciones informadas sobre el futuro de su negocio.

Conclusión: Todos los sitios web del embudo y por qué creo que ClickFunnels es el mejor

Antes de llegar a la idea de crear un embudo de ventas, mi negocio estaba en su peor momento y era difícil convencer a los clientes para comprar. Al leer este libro hasta este punto, está claro que construir un embudo de ventas por su cuenta es lo más difícil de hacer si no tiene una plataforma de apoyo para ayudarle a alcanzar mayores alturas en las ventas en línea.

Para cuando me uní a ClickFunnels, mis amigos ya habían recomendado algunas de las mejores plataformas para unirse. Lugares como MailChimp y Builderail han ganado una buena reputación al ayudar a las empresas a convertir clientes en ventas. Es después de unirme a ClickFunnels que me di cuenta del potencial de un embudo de ventas y cómo puede transformar su negocio.

Para desglosarlo por ti, es una plataforma que te permitirá vender cualquier cosa, desde productos físicos hasta un curso en línea. Eso significa que ya tienes una alternativa a la construcción de tu propio sitio, páginas de destino y tener que considerar todos los plugins que necesitas para que funcione. ClickFunnels le ofrece un sitio de comercio electrónico que le permitirá vender haciendo páginas de varios niveles para vender y emitir ofertas relacionadas con su embudo.

Si tuviera que construir un embudo de ventas, esto es lo que presupuestaría:

- Un sitio web que cuesta no menos de $3000 dependiendo de cómo lo necesite personalizado para su negocio

- Agregar un carrito de compras que costará más de $30 para configurar

- Servicios de alojamiento web con un presupuesto mínimo de $50 por año

- Sitios de membresía para cursos en línea. El costo mínimo es de aproximadamente $80

- Plataformas de marketing por correo electrónico que requieren alrededor de $30 al mes

- Etc.

Ahora, imagina trabajar en todo eso y entonces no pasa nada. No está convirtiendo clientes en ventas, pero el presupuesto para configurar todo era simplemente indescriptible. Por otro lado, si funciona, ¿ves cómo todo está disperso? ¿Cómo va a recopilar datos de las diferentes fuentes y hacer un análisis informado? Es muy difícil hacerlo.

ClickFunnels reduce todo ese presupuesto en una sola tarifa de $97 por mes y eso es todo. Todo lo que necesita está en una cesta para que no tenga que preocuparse por crear un sitio y todos los demás servicios de apoyo que tendrá que incluir. Hay un montón de características allí, pero el objetivo principal aquí es hacer que sea fácil para usted para construir un embudo de ventas desde cero.

Una vez que termines en la construcción, todo se trata de un clic hacia abajo vende y aumenta las ventas.

Descripción general de ClickFunnels

Aquí está una visión general de lo que obtiene de ClickFunnels:

- Creador de plantillas de sitio web

- Constructor de embudo de ventas

- Inscribirse y páginas de destino

- Plataforma de comercio electrónico

- Páginas de seminarios web

- Lanzamiento de vídeo

- Programas de afiliados

- Temporizadores de cuenta regresiva

- Programas de marketing por correo electrónico

- Pruebas A/B o divididas

- Integración con plataformas de terceros como Shopify, MailChimp y otras

Cuando nos fijamos en lo que esta plataforma puede proporcionar para su negocio, una cosa está clara aquí: ClickFunnels fue construido para emprendedores como usted y yo que no saben cómo programar o diseñar para diseñar páginas en un embudo de ventas que le ayudará a convertir prospectos en ventas.

Si desea una forma fácil de crear una página de ventas, una página de destino, una página de suscripción entre otras páginas que necesite, ClickFunnels no necesita que tenga conocimiento previo de hacerlo. Hay plantillas en la plataforma para ayudarle a configurar y videos para mostrarle cómo se hace. Las plantillas son personalizables ya que le proporcionan áreas para insertar contenido e imágenes que se relacionan con su negocio en cuestión de minutos.

Con ClickFunnels, no tienes que preocuparte por gastar demasiado en desarrolladores y diseñadores gráficos, ya que todo está ahí para que lo elijas. A lo largo de los años, hay otras plataformas para unirse como mencioné al principio, pero hay una cosa acerca de ellos. Su complejidad conduce a la lentitud a la hora de construir el embudo. La mayoría de ellos están yendo demasiado lejos con la función de arrastrar y soltar que es lo que hace que todo sea lento. Si te has unido a una plataforma como Optimize Press 2.x, sabes de lo que estoy hablando.

ClickFunnels simplifica el proceso de construcción al tener que crear todo el embudo bajo un mismo techo y un solo clic aumenta las ventas y las ventas descendentes.

Otra cosa acerca de ClickFunnels es que te ayuda a pasar de cero a héroe. La plataforma es consciente de que necesita más que una página de destino y una página de ventas para ayudarle a convertir a sus clientes. De esta manera, todo lo que necesitas para automatizar tus ventas y hacer realidad tu sueño se incluye en un solo lugar.

A veces, es posible que necesite un sistema diferente para realizar ventas o introducir algo nuevo. En ClickFunnels, solo necesita una plantilla que le permita cambiar todo dentro del embudo de conversión. ¿Desea conectar a sus clientes de redes sociales a su página de destino o a un seminario web? ¿Entonces todo eso va a una página de agradecimiento? La complejidad que necesita para que su embudo funcione se puede controlar simplemente usando un embudo en lugar de tener que gastar en crear páginas personalizadas para la misma salida.

Después de hacer todo eso, los correos electrónicos que recibe son manejados por el programa de correo electrónico que le permite enviar correos electrónicos a sus clientes y dirigirlos usando lo que requieren. La mayoría de las plataformas de embudos de ventas carecen del módulo de marketing por correo electrónico, lo que es peor si está buscando cómo reorientar a sus clientes.

Por último, pero no menos importante, ClickFunnels le permite vincular cuentas de terceros y los procesadores de pagos directamente a su embudo de conversión. Esto significa que puede vincular cuentas que le avisen cuando la conversión se produce entre otras cosas que le gustaría mantener un ojo en.

Al concluir el libro, aquí hay un resumen de lo que ClickFunnels puede hacer por usted:

- Es fácil de aprender incluso cuando no tienes conocimientos previos sobre cómo configurar todo

- Es un lugar para automatizar su embudo de ventas, correo electrónico y marketing de redes sociales, e incluir un programa de afiliados.

- No hay límite en la cantidad de páginas que necesita crear.

- Usted tiene la oportunidad de realizar pruebas A/B o divididas

- Puede ver el rendimiento de su negocio teniendo el análisis en un panel

- Sus páginas responden bien en todos los dispositivos que forman computadoras grandes a teléfonos inteligentes.

- Tienen una guía sobre todo lo que necesita hacer para configurar y aumentar su tasa de conversión.

Con eso, ¿quieres crear un embudo de ventas exitoso, usar esta guía y unirte a ClickFunnels es una garantía de que lograrás lo que aspiras en tu negocio?

Referencias

Rietkerk, R. (2019). ABM requiere una nueva mentalidad, no sólo una revisión de la tecnología. Obtenido de https://cxo.nl/management/97866-abm-requires-a-new-mindset--not-just-a-technology-overhaulPike, J. (2016). Marketing basado en cuentas (ABM): 10 cosas que aprendimos en la mesa redonda de esta semana Marketing basado en cuentas de marketing B2B: 10 cosas que aprendimos en la mesa redonda de esta semana. Obtenido de https://www.b2bmarketing.net/en-gb/resources/articles/account-based-marketing-abm-10-things-we-learnt-weeks-roundtable

Burton, T. (2017). Un plan de marketing basado en cuentas de 8 pasos para compartir con tu jefe. Obtenido de https://www.integrate.com/blog/8-step-account-based-marketing-plan

Velji, J. (2018). 5 razones por las que necesita un embudo de ventas – Jamil Velji – Medium. Obtenido de https://medium.com/@jamilvelji/5-reasons-you-need-a-sales-funnel-64bf54481ee0

Davidoff, D. (2012). ¿Qué es un oleoducto fuerte?. Obtenido de https://blog.imaginellc.com/what-is-a-strong-pipeline   Ferenzi, K. (2019). Identificación de clientes con un análisis de mercado objetivo (actualizado para 2019). Obtenido de https://www.bigcommerce.com/blog/target-market-analysis/#undefined   Lazazzera, R. Cómo construir personas compradoras para un mejor marketing. Obtenido de https://www.shopify.com/blog/15275657-how-to-build-buyer-personas-for-better-marketing

Mialki, S. (2018). El imán principal: La mejor manera de atraer a los vendedores. Obtenido de https://instapage.com/blog/what-is-a-lead-magnetPatel, N. (2018). Cómo crear una página de aterrizaje de conversión alta (12 elementos esenciales). Obtenido de https://www.crazyegg.com/blog/landing-page-essentials/

Ciotti, G. (2019). Servicio al cliente 101: Una guía para proporcionar experiencias de soporte destacadas. Obtenido de https://www.shopify.com/blog/customer-service#skills

Parkes, J. (2018). Cómo crear una llamada a la acción que convierte ClickFunnels - ClickFunnels.

Obtenido de
https://www.clickfunnels.com/blog/how-to-craft-call-to-action-that-converts/Jhajharia, R. (2018). 6 Beneficios imbatibles de Facebook Marketing Your Business debe considerar. Obtenido de
https://www.digitalvidya.com/blog/benefits-of-facebook-marketing/Ference, A. (2017). 5 Fuentes de tráfico de pago para promocionar su sitio web Blog de Outbrain. Obtenido de
https://www.outbrain.com/blog/5-paid-traffic-sources/

Stych, J. ¿Qué es Drip Marketing? La guía completa de campañas de goteo, correos electrónicos de ciclo de vida y mucho más. Obtenido de
https://zapier.com/learn/email-marketing/drip-marketing-campaign/Bulygo, Z. (2019). Cómo ser una autoridad puede aumentar sus ventas en línea. Obtenido de
https://neilpatel.com/blog/being-an-authority/

Bendorf, B. 7 maneras de convertir clientes potenciales en línea en clientes de pago (infografía). Obtenido de
https://www.ipaper.io/blog/ways-to-convert-online-leads